智研 慧育

李佩妍　李鸿芳　胡丹／主编

河海大学出版社
HOHAI UNIVERSITY PRESS
·南京·

图书在版编目（CIP）数据

智研　慧育 / 李佩妍，李鸿芳，胡丹主编. -- 南京：河海大学出版社，2021.10
　　ISBN 978-7-5630-7125-8

Ⅰ. ①智… Ⅱ. ①李… ②李… ③胡… Ⅲ. ①小学教育－教学研究 Ⅳ. ①G622.0

中国版本图书馆CIP数据核字(2021)第160526号

书　　名 / 智研　慧育
　　　　　　ZHIYAN HUIYU
书　　号 / ISBN 978-7-5630-7125-8
责任编辑 / 毛积孝
特约编辑 / 李　路　王继怀
特约校对 / 董　瑞
装帧设计 / 刘昌凤
出版发行 / 河海大学出版社
地　　址 / 南京市西康路1号（邮编：210098）
电　　话 /（025）83737852（总编室）
　　　　　　（025）83722833（营销部）
经　　销 / 全国新华书店
印　　刷 / 三河市元兴印务有限公司
开　　本 / 660毫米×960毫米　1/16
印　　张 / 14.75
字　　数 / 211千字
版　　次 / 2021年10月第1版
印　　次 / 2021年10月第1次印刷
定　　价 / 79.80元

编委会

主　编：李佩妍
副主编：郝长红　杨景惠　李鸿芳　胡　丹
编　委：丁　宁　高　蕊　何　丹　纪红颖
　　　　李　丹　李　沫　李　楠　李　伟
　　　　李文丽　李姿佳　李晓艳　李文娟
　　　　刘　菁　刘　颖　刘　立　马　慧
　　　　裴玉平　亓秀芳　任　丹　孙　超
　　　　孙　欣　陶欣欣　王　珂　王彦辉
　　　　王丽红　吴盛男　徐慧宁　徐天琦
　　　　徐　彦　薛　薇　赵琳凯　史文龙
　　　　杨　巍　张　萌　李　雁　李　爽
　　　　李春霞　刘　洁　张　璇　张立巍
　　　　李　蕾　董睿红　吴　凯

目 录
contents

壹 德育

▲ 班级管理 /003
　◆ 班级文化建设 /003
　◆ 家校沟通 /022
　◆ 养成好习惯 /029

▲ 教育教学案例 /038
　◆ 后进生感化 /038
　◆ 教育叙事 /058

贰 益智

▲ 益智教案 /101
▲ 益智论文 /184
▲ 我与益智的小故事 /201

『壹。』

德育

班级管理

◇ 班级文化建设

裴玉平

哈尔滨市抚顺小学校

"理智严谨、精于技巧"的教学风格

她坚信：教学的艺术不在于传授本领，而在于激励、唤醒和鼓舞。

班级文化建设助推班级管理的探究

摘要：班级文化建设对小学班级管理非常重要，可以促进小学班级管理效率提升，可以使班级管理变得更简单高效；而提高小学班级管理工作效率和质量，有助于提升小学生的综合能力，能够为教师的教学工作保驾护航。鉴于此，本文将探究如何利用班级文化建设助推小学班级管理。

关键词：班级文化建设；小学班级管理

一个班级要想有秩序地运转，就必须要重视管理工作。如果教师仅仅将目光放在日常的教学上，不注重管理，那么学生就无法养成良好的学习习惯和学习态度，在上课时，教师就需要花费大量的时间去控制班级秩序，同时教师也无法得知学生的心理和学习状况，无法根据学生的实际情况为学生设定适合的教学目标和教学任务。这样一来，教师的教学效率无法提高，学生也无法全面发展。因此，教师要重视建设班级文化，以班级文化助推小学班级管理。

一、制定班级文化标志

要建设班级文化，教师首先就要引导学生一起思考体现班级文化的标志。就如同每一个品牌为了展示自己的企业文化和核心价值都会设计对应的品牌标志一样，教师也可以与学生展开讨论，充分发扬民主精神，让学生能够各抒己见，可以选择自己喜欢的，或是认为能够激励自己的班级文化标志。当然，所谓的班级文化标志并不仅仅只是设计一个图像或是符号，同时还包含教师对学生的期盼和期望，它可以是由一句话组成，也可以选取对应的歌曲作为班歌。当歌曲响起时，当学生看到能够体现班级文化的话语和标志时，学生就能马上想到教师对自己的期望，想到自己的理想，从而愿意自发地约束自己，努力上进，认真学习。

因此，教师不能再将课堂当作一言堂，不能忽略了学生的想法，直接拍板定案，而是可以通过召开主题班会活动来启发学生的思维，让学生可以自由畅想，随意提出自己的想法和意见。最后教师再整合学生提出的一些想法，让学生进行民主投票，少数服从多数，这样设计的班级文化标志才算真正寄托了学生的情感和理想。如教师在召开主题班会活动的时候可以开门见山地说明活动的目的："同学们，国家有国歌，家庭有家规，那么今天老师想要和同学们一起讨论建设班级文化，确立班级文化标志，大家有没有什么好的想法呢？"教师可以先给学生提供思考的方向。要能够体现班级学生积极向上的学习态度，要能够激励学生，鼓舞学生，给学生正面的引导。如果学生提出的想法太过离奇，或是学生无法确立合适的班级文化标志，教师也可以根据自己的想法多提出一些备选标志，让学生进行投票选择。这些方式都能够凸显学生的自主性，能够发扬民主精神，因此，学生一致通过的标志就可以作为班级文化的标志，这样学生的接受度也会更高。

二、开展文化建设活动

要建设班级文化，教师还需要多开展一些文化建设活动。而开展这些文化建设可以围绕班级文化体现的精神来开展，也可以是完善班级文化，如绘制班级文化标志，确立班级主题歌曲，解析班级文化的内涵，制定班级文化的牌子等。在确立标志时，教师提出了一些可供选择的选项，最后确立了"敏而好学"这个主题。它取自《论语·公冶长》："子曰：'敏而好学，不耻下问，是以谓之"文"也。'"学生即便很聪明，也不能骄傲自满，不能取得了一点成就而沾沾自喜，而是要戒骄戒躁，要不耻下问，努力学习，这样才可以发挥学生的聪明才智，才能进一步释放学生的优势、潜能。因此，教师可以以"敏而好学"所体现的精神为核心内容，为学生设计一些建设活动，并组织学生一起绘制标志、黑板报或是自主设计可以挂在班级墙壁上，能够体现班级文化精神的牌子，让学生一进入班级，看到牌子上面的文字，看到多彩的黑板报就能产生紧迫感，能自主约束自己的言行，自主学习。

三、完善文化评价体系

除此之外，教师还需要引导学生一起完善班级文化评价体系，可以通过教师评价、学生评价或是互评自评等多种方式来完善评价体系，促使班级文化建设长足发展。教师可以根据班级中的某一件事例引导大家一起评价，比如有人上课开小差，或是有人在课堂上传递纸条，小声说话等，教师就可以将其作为典型例子，让学生评价这些做法是否恰当。当然，为了照顾学生的情绪，教师用词可以委婉一些，不能让学生有被批评的感觉。这样一来，班级文化的建设质量就会越来越高，小学班级管理效率也会越来越高。

四、结束语

综上所述，学习环境和学习氛围是影响学生学习的重要因素，教师要强化小学班级管理，就可以通过建设班级文化，以文化来烘托班级氛围，熏陶学生，让学生能时刻沐浴在知识的海洋中。在这种环境氛围下，学生才会具备强烈的学习意识和自我提升愿望。故而教师就可以引导学生一起制定班级文化标志，积极开展多元化的文化建设活动，同时还可以与学生一起完善文化评价体系。如此一来，学生才会自发地采取各种行动去维护班级文化，促进班级文化建设。

参考文献

[1] 米全有. 小学班主任对班级文化建设的管理对策[J]. 东西南北，2020(05)：234.

[2] 赵传纲. 小学班级文化建设与管理[A]. 中国教育发展战略学会教育教学创新专业委员会.2019全国教育教学创新与发展高端论坛论文集（卷九）[C]. 中国教育发展战略学会教育教学创新专业委员会：中国教育发展战略学会教育教学创新专业委员会，2019：1.

刘颖

哈尔滨市抚顺小学校

"严肃谨慎、因材施教"的教学风格

她坚信：老师是太阳底下最光辉的职业，孩子的笑脸是校园里最灿烂的阳光。

开展主题班会　提高班级德育实效

　　摘　要：德育是学校教育工作中的首要工作，班主任是学校德育工作中最直接、最重要的实施者，主题班会是实现主体性德育的一个有效途径。通过主题班会，可以使学生围绕某个主题参与到活动中去，在活动中去体验、去感悟，从而达到自我教育、自我提高、自我发展的目的。在班级管理中，班主任充分利用主题班会有计划、有意识地创设优良的育人环境，可以达到加强学校德育工作实效性的目的。

关键词：主题班会；德育；实效

德育教育的特点是从培养学生健全的人格、优良的品质着眼，从细微处着手，不断地强化、深化，在潜移默化中、在学生的认同中完成对学生的教育。主题班会对学生的教育作用不可低估，是教育学生的良好手段。班主任通过观察学生的日常行为，寻找学生普遍存在的问题，并将之升华成班会课的主题，在主题班会课上，班主任老师可以围绕这些特定的主题对学生进行思想、品德、心理教育，与在其他场合、其他形式的德育相比，它更能促进正确的班集体舆论的形成，推进学生的自我教育、自我管理。

运用主题班会来提高德育实效，是一条切实可行的有效途径。

1. 主题班会体现了教育中的全面性，是面向全体学生的教育，是符合在集体中进行教育的原则。通过集体教育学生个人，通过学生个人转变影响集体，把教师的主导作用与集体的教育力量结合起来。

2. 主题班会具有实效性。它是围绕某主题来进行的，大多数情况是根据学校和班级具体情况和存在的问题来进行，能够方便学生提高认识并采取相应的行动。

3. 主题班会可以针对重大节日或某个纪念日来进行，使同学们的情感缘事而发，从而使主题班会具有时效性和鲜明的情感倾向性。

基于笔者将近七年的教学实践，针对学校实际与学生的基本情况，努力探索主题班会的形式与内容，经过不断地反复实践，初见成效。以下是几点尝试：

一、根据学生的思想动态，有针对性地确立和策划班会的主题

主题班会是班集体建设的一项必要活动，可以讨论思想品德问题，也可以讨论班级工作，还可以让学生谈认识、交流思想、介绍经验，开展表扬与批评。主题班会的开展要确立、策划好主题。主题的策划，具有导向性作用。那么，如何进行主题的确立与策划呢？笔者认为主要在于把握好

三个原则：教育性、针对性、计划性。

1. 确定教育目的，富有教育性

主题班会必须有明确的教育目的，主题的确定与设计必须具有鲜明的目的性，决不能搞形式、走过场。

主题班会的教育目的大体可以分为如下几类：

（1）思想观点、政治立场、道德品质方面的教育。如对学生进行人生理想教育、国情教育、爱国主义教育等。

（2）端正好学习目的、态度的教育。如对学生进行热爱科学、反对迷信的教育，为振兴中华而学习的教育。

（3）创"三好"、比贡献教育。如对学生进行创"三好"教育，"五讲四美"教育，爱集体教育、爱劳动比贡献教育等。

2. 结合学生实际，具有针对性

主题班会必须结合学生的实际，主题的确定必须寻找学生中普遍存在的典型的思想问题。具体来说，就是根据学生的年龄阶段及身心特点、思想发展的脉络，结合学校、家庭、社会生活实际，针对学生在思想、学习、生活方面出现的问题，广泛选取题材，进行筛选、策划、组织，及时对学生进行教育。要做到有针对性，班主任必须善于搞好调查研究。作为班主任，对于本班学生的精神状态、学习风气、健康状态、舆论、班风和当前存在的主要问题等都要做到心中有数，了如指掌。只有这样，才能摸清学生状况，抓住当前需要解决的主要问题，并能寻找解决问题的方法和对策，促使学生的思想朝健康的方向发展。

3. 认真确立主题，做到计划性

主题班会必须有计划性，有严密的序列步骤，不能随意而发。教育性、针对性、计划性三者是统一的。

（1）要根据学生不同年龄阶段的特点，有计划、有步骤地设计出一个总体方案。

（2）对所在学期的班会活动有一个总的计划。

（3）对组织每一次班会要有一个具体的计划，如选择什么样的主题，采用哪些内容和形式，达到什么教育目的等。有了计划，主题班会就会目标明确，进行顺利，能够较好地达到预期目的。

二、根据青少年的特点，选择适当的组织形式并加以实施

班会的主题确立和策划好之后，第二步就是选择形式和实施问题。班会的形式要符合青少年的特点；要不拘一格、丰富多彩；要充分做好发动、准备工作；要充分发挥学生的主体作用；要把班会的思想性、知识性、教育性、趣味性统一起来，融为一体。

1. 主题班会要适合学生年龄特点，寓思想教育于生动活泼的形式之中

小学生正处于长知识、长身体阶段。他们思想活跃、乐于思考，对新鲜事物充满强烈的好奇；他们精力充沛、活泼好动，有多方面的兴趣爱好，有强烈的求知欲望；他们喜欢参加新颖活泼、知识性强、富于幻想的活动，而对抽象的、空洞的说教不怎么感兴趣。因此，主题班会必须适应小学生的这些特点，多开展生动活泼的活动，把德育渗透在活动之中。

2. 不拘一格，采取丰富多彩的活动形式

开好主题班会，除了要有好的主题之外，还必须注意形式的多样和生动。班会的形式是丰富多彩的，不能搞一种死板的模式。只有多样化，才能适应少年儿童的特点，为他们所喜闻乐见，满足他们求知、增长才干、抒发思想感情、关心时事政治和走向社会等多方面的需要，从而调动其积极性，使他们受到教育和锻炼。

主题班会可以有如下一些形式：（1）主题交流会；（2）演讲和竞赛；（3）座谈和辩论；（4）野外活动；（5）社会调查成果汇报；（6）文艺表演；（7）经验介绍。

3. 充分做好准备工作

准备的过程本身也是不断教育学生的过程。因为学生在准备过程中的交流、合作、沟通、采访、整理资料、聆听等，就能产生一种自我的体验

与感受，类似于一种隐形的课堂德育。同时，充分的准备才能使主题班会顺利开展，也是达到预期效果的重要保障。

4. 充分发挥学生的主体作用

新课程改革提倡"以人为本"的新理念，关注学生全面而有个性的发展。班主任在新时期的德育工作中扮演的是"指导者"的角色。主题班会的策划与实施离不开教师的指导，但更重要的是发挥学生个体优势和自主地位，使学生成为班会的主人，充分发挥学生的主体作用。班主任的指导思想是通过学生的主体作用体现出来的，因此，在准备、组织召开的过程中，班主任要充分相信学生、放开学生、指导学生，让学生既当主人，又当参谋，任何情况下都不要由老师包办代替。

三、班主任要善于巩固主题班会的成果

班主任要考虑主题班会的选题、组织形式，要考虑主题如何深化和成果如何巩固，怎样让学生进入并保持最佳状态……这就需要搞好主题班会的总结，并在总结中善于借题发挥，还要做好追踪教育。

1. 班主任要善于总结

做好活动总结是德育工作的一项重要任务。在主题班会当中，学生的认识有时并不是一致的，有积极的，也有消极的，有时还有分歧，有些发言往往有片面性和局限性。由于学生的年龄、知识和认识水平方面的原因，有些往往只能看到事物的表面现象；有些仅凭个人好恶来判别事物的善恶美丑，缺乏客观的标准；有些发言有明显的个人感情色彩，而缺乏理性的分析判断……在这种情况下，班主任就要善于利用总结来启发、诱导和点拨学生，使同学们能认识到事物的本质，认识到召开班会的目的，认识到自己今后努力的方向。

2. 班主任要善于"借题发挥"

"借题发挥"是班主任必须掌握和经常运用的手段。在德育过程中，班主任要抓住各种时机对学生进行教育，提高他们的认识。"借题发挥"

还指在班会总结中,班主任要善于由此及彼、由表及里、由现象到本质,使主题班会发挥出多种教育作用。

3. 班主任要做好追踪教育

要使主题班会真正起到教育教学作用,决不能忽略最后一个环节,就是深化主题和巩固成果,也就是在主题班会后要进行"追踪教育"。

(1)在主题班会活动之后,要及时掌握来自学生的信息反馈,抓住学生思想情感方面的变化,继而加以引导,促其升华。

(2)主题班会做出的决定,班委会要认真监督执行,主题班会的成果才能发挥出它的效用。

(3)要有一定的奖励机制,让学生在不断地得到肯定中坚定自己的信念,让良好品德变成学生一种长期保持的习惯性行为。

任丹

哈尔滨市抚顺小学校

"严中有爱,严中有章,严中有信,严中有度"的教学风格

她坚信:教育无小事,事事是教育。赏识下出爱迪生,兴趣中有牛顿,宽容里得到爱因斯坦。

小座位也有大学问

"我的孩子坐哪?"这是家长们最关注的问题之一。家长们会认为,孩子的座位与孩子在老师心目中的位置有着不可分割的联系。你有这样的困扰吗?家长往往因为座位,找我们的频率最多,而且各个"楚楚可怜",理由充足,让你感觉,你拒绝了他们,就像是在伤害一个爱恋你的男孩的心。个子高孩子的家长总会以"孩子坐的离老师远,爱溜号""孩子眼睛不好,看不清黑板"等为由,找到你,你给她调换了座位,就会有人再找到你,

你不调换，家长心里就会不舒服。你调换了一个，那就是开始，接下来的一系列调换座位事情就会接踵而至。棘手不？棘手。因此，排座位不能随随便便，它是一门科学，更是一门艺术。

应该说，没有一种万能的排座位的方法可以避免产生任何矛盾，关键是班主任如何教育、如何做工作、如何让矛盾最小化。当然，让座位更加合理，甚至把座位变成有利于学生进步和成长的资源，是班主任更高的追求。所以，每当接手新班级的时候，我都要和家长提前说："不要因为座位来找我，我无法控制，因为咱班的座位是运动的。"

如何减少排座位的矛盾，将座位的资源最大化利用呢？我们可以把班级分成四组，按个头的高矮分为大个组、中一组、中二组、小个组，保证组内同学个头不会差别太大，再根据性格、成绩等因素，实行每天小滚动，一周大滚动。首先，每天每个同学的座位向前移一位，学生就不会长期固定在一个位置上注视黑板。这样的话，每天看黑板的远近不同，有助于缓解孩子的用眼疲劳，保护视力。本着一静一动，学习一好一坏原则陆续调开。本着两不集中的原则（组内的班级干部不集中，发言好的也不集中），让学生们取长补短，形成潜移默化地熏陶影响的作用。其次，座位天天移，给了孩子每天都是新鲜的感觉。我还把每组的固定位置设为组长位，每天坐在这个位置的同学就是组长，所以孩子每天更有个期盼。最后，座位天天移，有助于孩子养成好习惯。我要求每天每个孩子都要把一个整洁的桌椅留给下一个同学，所以他们的课桌总是能清理得干干净净。到了一个星期呢，我们再按照左右正常调组的顺序进行横向的调动。千万不要怕麻烦，也不要小看孩子们的能力。我班从开学第一天就进行日轮换座位，3天熟悉过程，也就三天稍稍有点乱，第四天就水到渠成了。这就是教育，你得允许孩子们去适应和熟悉。

杨巍

哈尔滨市抚顺小学校

"深入浅出"的教学风格

她坚信：每个孩子都是种子，只不过花期不同，精心照料，予以阳光，静待花开。

如何开展班级文化建设

抚顺小学是一所历史悠久、文化底蕴深厚的小学，班级文化建设有着它独特的理念。班级文化建设是班级管理中十分重要的方面，班级文化建设要有自己班级的特色，要体现文化自信。班级要有浓厚的书香氛围、优美整洁的环境，关注孩子的全面发展和健康成长。如何开展班级文化建设呢？

1. 制定富有特色的班名（如：启航班、蜗牛班）、班级口号（如：多学多思多问，乘风破浪、扬帆起航）、班风、班规、班训（如：诚实守信、乐于助人、勤奋学习）、主题（如：发扬敢于挑战、不屈不挠、乘风破浪的精神）、班徽、班歌等。营造健康向上、富有成长气息的班级文化氛围。落实到具体行动中，就是要培养班级的凝聚力和集体荣誉感，培育学生树立正确的人生观、世界观、价值观，激励学生主动践行社会主义核心价值观。

2. 发挥每一位学生的创造力。积极参与班级展板及楼廊墙面展板的文化建设，让展板"说话"。布置并定期更换展板，形成班级良好的物质文化环境。建立健全的班级制度，包括班级公约、奖罚制度、值日生制度等，以此约束学生的言行。

3. 建立班级岗位责任制，实行岗位轮换制度。让每一位学生参与到班级的管理中来，培养学生的责任感，鼓励学生发挥主人翁精神。

4. 定期组织丰富多彩的班级活动，在活动中培养学生的合作意识，增强班级凝聚力，提高学生精神文明建设水平。我们已经开展了优秀的益智活动和有地域特色的冰雪体育活动，还将增加传统文化活动，以起到传承和弘扬中华优秀传统文化的作用。

5. 建立班级图书角，努力扩大班级藏书量，调动每一位学生的读书积极性。鼓励学生制作班级读书卡片、漂流瓶，写好读后感，让全体学生开阔视野，热爱书籍，享受阅读。

6. 展示班级荣誉，激发学生集体荣誉感、自豪感和责任感，还可以激发学生努力前进、力争上游的斗志。

"近朱者赤，近墨者黑"，班级文化建设影响学生的成长方向。所以班级文化建设一定要秉承科学性、人文性、教育性，真正地为教育学生服务，为文化发展服务。

薛薇

哈尔滨市抚顺小学校

"轻松平等、和谐风趣"的教学风格

她坚信：好的老师不是教知识，不是教技能，而是教会学生学习。

寻求一条师生都解放的道路
——班级自主化管理探索

班主任每天与学生形影不离，负责学生的学习和生活，真正成了班爸、班妈。大事你负责，小事你管理。这个学生东西丢了，你帮着找，那个学生没来上学，你得问问情况。不懂事的学生打起架来，你还得变身法官判官司，心情也随着一团糟。今天接待家长来访，明天又要和各科老师协调起来，后天学校开展教学、德育活动……班主任每天还要起早贪黑，早到校晚锁门。所以好多班主任由衷地感慨：班主任的日子啊，真的好难熬。

原来班主任这种高强度的工作方式，我们长期承受，就像希腊神话中推着石头上山的西西弗斯，当下永远是我们的奋斗之时，却不是我们的成功之地。"紧跟班、跟紧班"这种时间战和体力战，让班主任老师们倍感疲惫。教育是陶冶心灵的艺术，"累"绝对不是我们的目的，那么一条走向不累的路在哪儿呢？我们一直在寻找，在探索。

很多时候，我们总想管住学生。因此，我们管不住学生的时候，我们就总是想方设法去制定规章制度，想方设法去说服压制，想方设法去各个击破。但是，我们从没想过管不住是不是我们的管理方式有问题？是不是一开始我们的管理方向就错了？

学生并不需要老师盯死看牢，并不需要手把手地去教。很多时候他们自己知道管理自己，自己知道教育自己，只是我们做班主任的太不信任，总以为他们离开了班主任就不行。"管死学生"不是我们的教育目的，教育目的是影响学生、熏陶学生、教育学生、发展学生。一味的"管"，那是封建专制对人才的奴性要求，而不是现代教育对人尊重和发展的要求。换句话说，抛开你管不住学生的实质，用"管"来替代教育，这种思想本身就是错误的。

经过一段时间班主任岗位工作的历练，加之有阅读的习惯，广泛涉猎了国内外教育名著和国内发行的各种教育报纸杂志，使得我开阔眼界的同时也活跃了我的思维，更纯洁了我对教育的情感。我发现一个人成长的动力源自内心的需求和渴望，而不仅仅是教师的职业和鼓励，寻求一条师生都解放的道路是我想要努力尝试的方向。

还记得当班主任之初，我事必躬亲，班级事务无论大小一概包揽，不仅身体感到累，心更累。小家伙们什么也不懂，什么都要我手把手地教，甚至连男女生上厕所这样的琐碎事情都要跟孩子们进行反复交代，可即便是这样，各种状况依然层出不穷。我不禁感叹，现在的孩子怎么这样没有自理能力，什么时候他们能自己管理好自己呢？

通过阅读学习教育刊物上的优秀范例，我在班级开展了自主化教育管理实验。不久，"小豆包们"日渐有起色，真是应了"勤娘养懒儿，懒娘养勤儿"的俗语。抓班级卫生，我指派了三个能干的学生做卫生监督组长：甲负责走廊卫生监督及最后的检查，乙负责教室、地面监督检查及垃圾桶的清洁，丙负责课桌椅的整洁有序摆放及门窗的清洁，其他孩子则按照卫生监督组长的安排，在自己的岗位上各负其责。

要想锻炼学生的自主能力，给我们班主任真正松绑，我们就要学会忘记。忘记班主任是学生虔诚的听众，就是把教育的痕迹淡化。很多时候学生自己是知道是非曲直的，并不一定要班主任来判断。这也是自主化教育管理的一项重要的内容，班主任听而不说，学生才能够有更多的体会。

忘记自己是老师，虚心做学生的参谋。一些学生犯了错，我和他们商量该如何处罚？聪明的孩子们都知道商量是给他们面子，是老师对他们的尊重。心里得到安慰的孩子也会乐呵呵地完成你安排的任务，让"惩罚"变得和谐。

忘记自己，是让老师做学生探索的同伴。成长是需要付出代价的，如果老师们一直怀疑学生不能自己做主，不能自我管理，从而越俎代庖，那么学生的成长就会被无限期的延迟，甚至会使学生变成精神上的侏儒。要求学生太听话，学生的积极性和主动性就会基本丧失。把问题推给学生，和学生一起探索，一起想办法。学生们自理、自立能力就会增强，班级就会呈现出思维活跃、交流气氛热烈的好局面。

文化是班集体建设的核心和灵魂，班主任要学会用文化来建设班集体。完整的班级文化至少要包括下面的三个组成部分：一是以教育教学环境为主要内容的班级物质文化，如教室的布置，环境的美化等。这些以物质形态存在的文化设施，无不折射出一种明确的价值观念和教育倾向，它是班级文化的外在标志。二是以班级组织与规章制度为内容的班级制度文化，它是文化活动的准则，是文化的组成部分。三是以班风、学风和班级精神为主要内容的精神文化。它是班级文化的核心和灵魂，也是决定班级文化品位高低的关键，集中体现在全体成员的群体意识、舆论风气、价值取向、审美观念和精神风貌，是班级建设的灵魂。

一个优秀的班主任应该是一个优秀的管理者。班级全员参与，才能确保管理无死角。官不怕多，只要有可能就让每个学生都在班上有一个职务，有一个职务，自然就有一份责任。

我也喜欢在班上设计各种竞争活动，我发现发动学生竞争不仅节省了时间，提高了工作效率，更是使同学们把学校的一切枯燥活动变成一件件既紧张又有趣的事。喜欢竞赛是人的天性，很多人都渴望出人头地，渴望征服别人，渴望在某一方面比别人具有优势。物竞天择，竞争活动已经成为学生发展变化的内在动力。竞争，让学生不由自主地为老师奔忙。在设置竞争活动时，发挥座位引导的功能，营造良好的竞争环境。我们班在安排座位时按照男女比例、兴趣特长、成绩层次、身高情况进行搭配，并以小组的形式就进行竞争评比。通过实践，激发起小组强烈的竞争意识，这样才能够实现坐在哪里都能够认真听课的目标。如果他不认真听课，该小组的成绩落后了几分后，整个小组的同学都不高兴。因此，创建一个优秀的班级就要重新审视传统的座位安排法则，要把组织意识和竞争思想引入座位安排。

对于英雄来说，最大的寂寞是没有竞争对手，于是在班级里设置竞争对手，努力打造一个力争上游的竞争局面，也是至关重要的。为了活跃班级竞争气氛，我要求班上的每一个同学都给自己寻找一个竞争对手，一个竞争伙伴。不仅同学们找到了竞争对手，就连我们班级也在学年七个平行班中找到了自己的对手。

在长期的实践过程中，我发现只有竞争没有奖励，竞争不会长久；只有奖励没有竞争，奖励也会失去意义。要构建有效的奖励机制，尤其注重精神奖励。每月进行一次值周班干评比活动。这样的评比所收获的奖励仅仅是站在讲台上拍照，发到班级群里，几乎不用成本就能完成。老师非常轻松地操作，表扬了孩子的同时也让家长们看见孩子们的闪光点。这样孩子们高兴，家长们也高兴，孩子们就更高兴了。要建立一套不断升级的奖励机制，奖励学生不是一次性的，要形成连续性的奖励机制。订立逐步递增的目标，学生一步步积累红花，达到发证书、拍照、打电话报喜、发送喜报、优先选择奖品等不同层次的奖励。正是利用这样一套完整的奖励机制，吸引着学生们不断地上进。

从事班主任工作12年，但我仍然是教育行业里的"新生"。我将在今后的工作中学习新颖、丰富的教育理念，在实践过程中发现新问题、积累新素材、收获新感悟，在教育的路上与一届届学生共成长。

◇◆ 家校沟通

丁宁

哈尔滨市抚顺小学校

"学高为师、身正为范"的教学风格

她坚信：用爱心浇灌娇嫩的花朵，用双手托起明天的太阳。

家校信任　共情沟通

　　我们班的学生正处于小学五年级即将毕业阶段，学生渐渐步入青春期，他们的独立意识、性格和思维各方面也有所转变。尤其是疫情在家，学生面临"沉迷网络"现象的问题比较严重，前段时间班级里就发生了一件相关案例，根据现实情况我展开了家校云沟通，通过几天追踪寻访，最终及时挽救这个孩子，双向沟通取得良好成效。

　　我们班有一个叫范家瑞的小男孩，在班级群里时不时会发一些恶搞、调皮的图片，还会发一些怪声的语音，或是尖叫或是傻笑。刚开始发完就立即撤回，后来觉得不过瘾，发完不仅不撤回，甚至有几个男孩子在下面附和，我好似看到了他们沾沾自喜的样子，身为班主任的我见此情形，几次在群里提醒但他没有改正。我和范家瑞是微信好友，偶尔会发现他的朋友圈会发一些关于游戏的相关信息，由于当时正处于疫情较严重时期，我考虑到家长面对生活压力、疫情焦虑以及孩子在家面临无人看管等问题，便报着善意的念头，心想，上学期在校期间，范家瑞表现得十分乖巧懂事，并且能主动帮助班级分担一部分劳动，班级活动表现也都比较积极。这次会不会是我误会范家瑞了，是不是老师想多了，或许他只是偶尔放松一下才玩游戏的，或者他的号码被盗了，又或者亲戚家的小朋友拿着他的电子设备在玩，群里的恶搞图片可能是手滑不小心点错的……就这样我心里的疑虑暂时搁置。可有一天，我发现范家瑞和几个孩子单独建群，误将我加入群聊并快速将我移除，我只看到说："咱们一起吃鸡呀！"我内心的疑虑开始加剧，更加觉得这个孩子种种行为可疑。于是我在群里@所有家长侧面说明情况，并督促家长加强对学生管理，注意用眼卫生等，从正面积极引导他们。

　　最后的爆发点是在一次考试，范家瑞仅用了9分钟就将五年级数学试卷全部做完，后台显示只考了19分。当我看到这一幕时，十分惊讶，马上截图给孩子妈妈询问情况，整整一个下午我都处在焦急等待之中，直到妈妈晚上忙完回到家才回我信息并讲述了实情。原来自从春节以来，也正是疫情期间，大家都在家休息，大人、孩子闲来无事都在玩手机。范家瑞每天一直在玩游戏，一到睡觉时间就说不困，妈妈想着正是放假期间，也就没有多加管理。范家瑞还没开学，妈妈就复工了，孩子只和脑袋做过大型手术的爸爸在家。于是在家玩游戏更是肆无忌惮，甚至不给玩就大发脾气。直到有一天，范家瑞妈妈拿着绑定微信的银行卡去买东西，才发现里面的八千多元钱没有了，于是妈妈赶紧打电话查询明细才知道，八千多元钱被范家瑞充到游戏里面。并且听孩子妈妈询问孩子原因时，孩子说："游戏总是时不时提示我充钱，玩得过于投入，我就充了，就这样一次次就越充越多……"

在和范家瑞妈妈聊天过程中，我一直在边听边思考解决问题的方法。首先，我和家长分析一下造成严重后果的原因，是由于过年放假期间疏忽对孩子的管理，家长没有细心观察孩子的动向所导致的。其次，是家长没有以身作则，养不教父之过，古人说的话还是很有道理的，家长都去玩手机，孩子自然也跟着学，玩游戏、刷抖音。家长应该先放下手机，花时间多陪伴孩子，多做一些亲子活动，比如一起读书、一起做家务、一起玩益智器具；一起学一些技能，比如一起骑自行车等。第三，让孩子妈妈上网找一些有关于沉迷网络造成严重后果的相关视频观看。观看后，要和他深度谈心，问一问孩子看完视频后的想法以及今后的打算。第四，今后要规定好孩子用电子产品的时间，不能任其玩，因为上网课时间和答疑时间是固定的，其余时间是不需要电子设备的。

我和孩子妈妈约定好，第二天晚上要给我一个反馈。我准时接到妈妈的电话，只听见妈妈在那头说："丁老师要找你聊聊天，儿子接一下电话……"沉默许久后，我听到范家瑞用极小的声音说："丁老师……"我温柔地询问："孩子你怎么了？好久不见，想老师没有？"只听见电话那头号啕大哭，我并没有叫停，直到哭声渐小，见此情况，我开始进行心理劝导，询问观看并沉迷网络视频后的想法，他慢慢和我开始交流内心的想法。我告诉他老师很关注你的举动，之前在群里发的图片、语音、朋友圈，老师都有看到，但并没有找你，就想多给你机会，让你自己学会自省自悟。就这样心与心交流，最后，范家瑞自己保证一定不再玩游戏了，改变自己，并且找回从前的自己。

过了三天之后，我进行跟踪回访，孩子妈妈高兴地说："自从那天晚上和老师聊完之后，孩子行为习惯真的改善很多，现在放下手机，闲暇之余开始帮患病的爸爸做家务，洗衣服、刷碗等，睡前帮爸爸检查煤气、门窗是否关好了。有时间我也陪孩子一起看看新闻，培养孩子的爱国意识。

现在一家人的关系也都缓和多了,真的特别感谢老师,这么关注范家瑞,都不知道该怎么感激你才好。"听到家长汇报关于孩子逐渐转好的情况和温暖的话语,几天悬着的心也终于放下了。

所以,我们在面对"问题学生"时,要从关爱的角度出发,晓之以理、动之以情,在家校沟通中选择适当的沟通方式,掌握沟通的艺术,用人格的力量去感化学生和家长。只要我们捧着一颗真诚的爱心去浇灌学生,相信总有一天会迎来花开满园。

> 孙超
>
> 哈尔滨市抚顺小学校
>
> "朴实无华、润物无声"的教学风格
>
> 她坚信：踏实地走稳每一步，每位学生都会有属于自己的成功。

群联你我　让家校亲如一家

　　对于学生的教育而言，需要社会、学校、家庭三方合力，缺失任何一方，我们的教育都是不完整的。俗话说："父母是孩子的第一任教师。"家庭作为孩子的第一所学校，有着不可替代的作用。现如今，家长对孩子的期望越来越高，涵盖范围不断增大，学校的教育内容也在随着社会和家庭的需求逐渐增加。那么，如何做好学校和家庭教育的沟通，就显得尤为重要。苏联教育家苏霍姆林斯基认为，学校和家庭不仅要一致行动，要向儿童提出同样的要求，而且要志同道合，抱着一致的信念。如何让家长跟老师站在同一阵线？如何与家长进行沟通呢？我认为，合理利用好班级微信群，发挥其及时作用，便是家校沟通的有效途径之一。

每天上学时间，我们都会发现学校门口滞留着一大批家长，其中，又以低年级家长居多，他们将孩子送入校园，却久久不愿离去，徘徊在校门之外，就是为了看看自己家的孩子在学校的生活表现。现在的孩子入学年纪小，在家又多是独生子女，难免有些自己的小性格，而且每个孩子的成长环境不同，习惯也会不同。为了让孩子们能尽快适应学校生活，我认为，取得家长的支持与理解是十分关键的。因此，从入学开始，我就利用班级微信群与家长们不断沟通。

一年级的家长对于孩子的入学存有一种焦虑心态。学校与幼儿园不同，一旦换了新环境，他们和孩子一样，都是在逐渐摸索、逐步适应。我既是一名老师，也是一位家长，所以对家长们的心情感同身受。这时，微信群就发挥了强大的功能，不仅能发语音、文字，还能发送照片、视频，通过这些直观的影像，家长们第一时间就能看到孩子们的情况，焦虑的心就会轻松一些。我几乎每天都会将学生们的在校情况发到班级群中，使家长能够及时了解孩子的在校状况。时间一久，家长们对待老师和学校也就会多一些理解与支持。

记得刚开学不久，我组织学生参加了区里的硬笔书写比赛。一年级的小学生会写的字是有限的，与其说是在写字，不如说是在"画"字。看着学生们一笔一画认真书写的样子，我由衷感叹：无论字写得如何，光是学生们这种认真做事的态度，便胜过无数。孩子们写完字，我将每一个人的字都拍成照片发给家长，这是学生们第一次入学参加的比赛，是值得留存的孩子们的成长记录。家长们收到之后，也为我的细心而感动。

在接下来的学校生活中，我时常记录学生们的成长瞬间，总是第一时间将学生们在校的一切与家长分享。每次体检结束，将孩子的体检表私信发给各自家长，让家长了解孩子的身体变化；课外实践活动，记录学生们如何制作爱心饼干、冰皮月饼；校园丁香树下，记录孩子们花一样的笑脸，存下寻找五瓣丁香的专注与喜悦；下雪了，记录下学生在雪地中摸爬滚打的兴奋与激动……渐渐地，学生越来越喜欢和我在一起，家长们也把我当成了朋友。

微信群搭建了学校和家长之间的桥梁，这座"桥"也需要我们每一个人精心去维护。家校沟通，是为了孩子们更好地成长与发展。让我们共同携手，打造理想的教育，实现教育的理想。

养成好习惯

李楠

哈尔滨市抚顺小学校

"灵动课堂、严谨乐学"的教学风格

她坚信：每个孩子都是即将绽放的花朵，都能散发出独特的芬芳。

如何培养学生养成良好的阅读习惯

少成若天性，习惯如自然。人应该支配习惯，而绝不能让习惯支配自己。大家都知道，小的时候养成良好的行为习惯对于孩子的成长至关重要。而我们明白的道理，在生活中却很少有人能坚持养成某种好习惯。目前，每个家庭中最关注的就是孩子的教育问题，因为生活环境的不同，孩子的个性差异，他们的性格也不同。很多家长比较期待自己的孩子是一个善于表达、活泼的人，其实，这和每个孩子的家庭环境息息相关，孩子的家庭生活中，父母的行为习惯对孩子的影响很大，大部分的习惯养成都是在家里完成的。因此，从小培养孩子养成良好的阅读习惯，将有助于孩子的健康成长，使孩子们变得更加自信、乐观、积极向上，那么，我们该如何做呢？

一、激发学生阅读的兴趣

把每一个学生都领进书籍的世界，培养起对书的热爱，使书籍成为生活中的指路明灯。我们可以从孩子爱看的一些简单童话书籍入手，让他们对故事情节发展产生强烈的兴趣，慢慢引导并培养独立阅读的习惯，随着孩子的成长，可以在读物内容上加以拓展，渐渐地，阅读会成为孩子的一个习惯，学生能读到自己喜爱的书，兴趣自然也就提高了。

二、转化学生的兴趣点

引导学生自由阅读他们喜欢的书籍，自然会有阅读的欲望，适当给孩子一些正向指导和鼓励，为孩子创造可供良好阅读的空间，孩子会更加热爱阅读，也能收到事半功倍的效果。

三、确保阅读的时间

学生每天确保至少 30 分钟的阅读时间，可以采用每日发微博、微信朋友圈、建立阅读群等方法，每天上传阅读的视频或者音频，以这样的方式激发学生的阅读兴趣，培养学生的阅读习惯。久而久之，学生的阅读能力将有很大的提高。除此之外，也可以在学校为学生们创建读书分享交流会，开展评定阅读小明星等活动，以此激发学生的阅读兴趣，养成良好的阅读习惯。

四、注重读书的方法

教会学生基本的阅读方法，就能逐步培养出良好的阅读习惯，不能为读书而泛泛读，或者流于形式，要会读，读有所获。林语堂在谈读书时曾说道："读书须有胆识、有眼光、有毅力。"这可作为我们培养学生阅读习惯的一面镜子。在读书方法上，我们可以培养查阅的习惯，要求学生在阅读过程中对于难以辨识和理解的字、词、句及时查阅工具书，直到弄明白为止。培养与他人交流阅读心得的习惯，可以使模糊的问题清晰化，触发出新思想的火花，充分体验到读书的乐趣。

总之，培养学生的阅读兴趣不是一朝一夕的事情，要坚持不懈，真正让学生养成自觉读书的习惯。最终让孩子们自觉主动地参与到阅读活动中来，发现阅读的乐趣，养成阅读的习惯，从而提高学生的语文素养。

> 史文龙
>
> 哈尔滨市抚顺小学校
>
> "条理清楚、循循善诱"的教学风格
>
> 他坚信：每个孩子都是一朵花，都有自己的花期。

一书一世界，一镜一人生

歌德说："一书一世界。"书中有生活的缩影，书中有生活的百态，书能让人认真地思考，学会理性与睿智。

"读书破万卷，下笔如有神"。素质教育改革下，大语文的学习模式开启，为此，各个学校的老师八仙过海，各显神通。我认为，语文学习的重中之重首先是阅读积累，针对我所教的班级年级低、刚起步的特点，我采取如下措施：

1. 在班里建立起一个小的读书区，在读书区里，有孩子专用的书架，有属于自己的图书，这些书必须是孩子喜欢的，适应学生的读书能力。他们在班里有共同的阅读内容，能够让他们有共同语言，去交流书中的人物，故事情节，交流他们对待同一事物的不同看法。让他们切身体会到"一千个人眼中有一千个哈姆雷特"的道理。

2. 家长是孩子第一任启蒙老师，深知这个道理的我利用家长会培训家长，使他们明白了阅读的重要性，得到了家长的支持。家长在家中摆满各种有趣的、有益的书籍，让孩子可以顺手拿来翻看与欣赏。针对孩子不爱阅读，阅读流于形式的问题，我还发起了亲子共读的活动，家长也每天都阅读并发表感想。刚刚开始的时候，参与的家长并不多，慢慢地，家长从中体会到，家长参与读书对孩子的影响力是前所未有的，身教重于言传，他们发现了孩子的细微变化，因此，班级的所有家长，全员参与进来，日日不落。孩子的读书积极性大幅度提高，理解力明显有所提升。

3. "放任自读"。课外阅读应是自主、自愿的阅读，该读什么或不该读什么应由学生兴趣决定，只要内容健康，学生爱读什么就让他们读什么。一开始他们读书或许纯粹只是为了书中那可爱的小乌龟与小白兔，但是随着阅读量的加大，在书的世界里，他们能看到苏轼大唱"大江东去，浪淘尽，千古风流人物"的豪迈洒脱；他们会看到李清照"寻寻觅觅，冷冷清清，凄凄惨惨戚戚"的情真意切；也会体会到李白"飞流直下三千尺，疑是银河落九天"的奇特思绪。书的世界，真的其乐无穷。因此，除了在校的读书时间，学生在家也寻找自己喜欢的书阅读，每天都发表读书感想，既锻炼了孩子的表达能力，也增强了孩子的理解力以及文学素养。

4. 在家校联合读书的基础上，日常教学中我还融入了古诗文背诵环节。古诗文是我国优秀的传统文化，但是对于现在的孩子来说，理解起来颇有难度。我精心地将古诗的意境分析后以一种低年级孩子可以接受的方式讲给孩子听，孩子听懂之后就能够很容易地背诵积累下来。渐渐地，孩子们积累得越来越多，从几首到几十首，到能够玩简单的飞花令，能够在户外欣赏美景时突然联想到某句古诗，接受了古代优秀传统文化的滋养。

　　读书的收获不是一蹴而就的。做一件小事很容易，但是这件小事坚持做一周，做一个月，做一年，甚至更久……就成了难事，凡事贵在坚持，这个道理万事皆通。孩子与书本为友，与大师对话，与伟人交流，久而久之，前人的思想精华就积淀成了孩子们的精神底蕴，读书，是为孩子的梦想中下一粒种子，时时浇灌，以文化、文明时时催化，梦想之花一定会在不知不觉间悄然绽放，势不可挡，生长成向往的模样！

> 刘立
>
> 哈尔滨市抚顺小学校
>
> "亲切自然、朴实无华"的教学风格
>
> 他坚信：一个赏识的眼神，一句鼓励的话语，都会使学生产生无穷的动力。

心存感恩　与爱同行

"谢谢火焰给你光明，但是不要忘了那执灯的人，他是坚忍地站在黑暗中。"懂得感恩是修养高的一个标志，学会感恩是小学生德育教育的一门必修课。

重视感恩教育，培养学生正确的感恩意识。作为班主任要对学生开展感恩教育，首先要让学生懂得感恩的必要性和重要性。教师要利用各种场合或时机对学生进行感恩观念的渗透，培养学生形成正确的感恩意识，让学生认识到父母的养育、老师的教导、同学的帮助……并不是理所当然的事，面对这些关爱要心存感激。班级的小于同学，他的妈妈在外地工作，爸爸也是早出晚归，每天陪伴他的是年迈的爷爷。起初，孩子很委屈，认为妈妈不爱自己。他曾多次"罢课"，希望父母能更重视他，也希望用此方式让妈妈回到他的身边。那些日子，每每看到他失望的眼神，看到他在操场上孤独的身影，我的心里五味杂陈。正逢母亲节，班级召开了以"感恩"为主题的班会。鼓励学生说说妈妈对自己的爱，话题展开，学生心中充满喜悦，眼中洋溢着幸福，感动的事情不绝于耳：卧室里，妈妈半夜为我盖上了被子；餐桌前，妈妈把鱼肚子上的肉夹到我的碗里；医院里，妈妈为照顾我不眠不休……孩子们说到感动处禁不住潸然泪下。轮到小于同学来说了，他努努嘴，眼圈红了，哽咽着说："我也有一个这样的好妈妈！我很幸福！"这次班会唤起了小于同学对母爱的回忆，也激起了他对妈妈的感激之情。班会结束后，他把头埋在我的怀里，轻轻地说："老师，妈妈很爱我，我要好好学习，将来回报妈妈。"从此，小于的心结打开了，变得快乐起来。在习作《我想对您说》中，小于同学写道："感谢您，亲爱的老师，感谢您一直没有放弃我！"泪光中，我体会了感恩带来的巨大力量！

互换角色，体会艰辛。孩子不理解父母的艰辛是因为他们不知道父母到底为他们做了多少。所以，组织学生和父母交换角色，使其体会父母持家不易。例如，指导学生在周末进行一次"今天我当家"的活动，让学生代替父母监管一家人的衣、食、住、行，考虑一天的柴米油盐，并负责一天的饭菜供应……一天的角色互换结束了，孩子们疲惫不堪。在这次实践课中，他们不仅体会到了父母每天的辛苦，也体会到了"一粥一饭，当思来之不易"的内涵。

心存感谢，宽容相随。生活中，同学之间会有一些小摩擦，那时就会出现委屈的表情、气愤的话语，甚至是伤心的泪水……老师的角色顿时变成了判官。这时,老师先认真倾听双方的诉说,明辨是非后做出合理的判断,最后请其他同学帮忙回忆当事人之间曾经有过哪些友爱的故事,结局大多数是握手言和并真诚道歉。渐渐地,同学之间不再因一些小事而斤斤计较,他们还会在日记中写道:"以责人之心责己,恕己之心恕人。"

受爱施爱,践行感恩。陶行知先生说:"生活就是教育,教育就是生活,当我们把感恩教育切入实际生活之时,当孩子把感恩之心化为感恩行动之时,我们的教育应该是初见成效了。"为了让感恩行动看得见,摸得着,鼓励学生用行动回报身边的人。开始,以各种节日为契机,引导学生为身边的人做一些事情。在家里,为祖父母捶背,为父母送茶……在学校,为老师擦黑板,借同学文具……在公共场合,尊老爱幼,捡起脚下的垃圾……渐渐地,爱心接力棒从特殊的节日传递到日常生活中。

精彩完美的人生,是心怀感激的人生。感谢别人的微笑,它让你更加温暖;感谢别人的鼓励,它让你更加勇敢;感谢别人的指正,它让你在磨砺中成长……感恩是需要学习、需要培育的,感恩永远是小学道德教育的重要话题。

教育教学案例

◇❖ 后进生感化

> 李爽
> 哈尔滨市抚顺小学校
> "细节决定成败,态度决定命运"的教学风格
> 她坚信:三尺讲台销智慧,一生奉献谱爱心。

爱是永恒的教育

爱永远是教育的真正内涵。如果没有爱,任何说服都无法开启一颗封闭的心;如果没有爱,任何语言都无法打动一颗冰冷的心。唯有爱,才能点亮心灵的灯盏,收获希望。要做好"后进生"的思想转化工作,就要给他们一份特别的爱,那就是因人而异,给他们充分的爱、鼓励和包容。

上届毕业班曾经有一个学生——邹。她是出了名的邋遢大王,一个女孩子不仅经常丢三落四、忘带物品,还把自己的书桌及周围摆弄地跟垃圾场一样，遍地纸屑。就连原本白净的小脸上，也经常会出现各种各样的痕迹，刘海因为长期不清洗，经常会粘在一起，身上更是经常会出现各种油渍菜汤。

刚刚接触到邹的时候是在三年级，她的数学成绩就已经一塌糊涂，5分钟100道的口算题最多能写完40道，其中还有20道口算题是错误的，每次都让我头疼不已。但是相反，她的语文成绩虽然不理想，语文字词却掌握得比较好，大多数都能写对。好景不长，一个多月后，她就连字词都不会写了。我找到她询问情况，她却无所谓地告诉我，因为以前的老师总罚写，她写的多了，好像就会了，而我不罚写，所以她也不会写了。听了这样的答案，我哭笑不得。

怎样才能帮助这个学生成长呢？我通过各种渠道了解这个孩子：邹的家庭情况较为特殊，父母文化程度都比较低，是进城务工人员，更关心的是挣扎在温饱线的现状，而不是这个女儿。更让我替孩子感到难过的是，不久前，爸爸妈妈又生了一个二胎弟弟。原本被视为掌上明珠的她，一天所有的生活都会被妈妈录成好几个视频发到朋友圈展示，而现在妈妈却因为儿子的出生，再也没有发过女儿的一点点信息。这时我才明白了孩子眼中的倔强与无所谓，一个没有人关心，没有人爱护的孩子，就算努力进步也不会得到父母的夸奖与回应，那放弃又怎样呢？我终于知道我努力的方向，绝不仅仅是邹的成绩，而是要让这个孩子改变内心，珍视自己！

我放开目光，向邹投入更多的精力，从原本只关心邹的学习，逐渐过渡到注意她生活中点滴琐事。我找到了邹，并叮嘱她："你是一个女孩子，生活中要注意卫生，这样同学们才会更喜欢你。今天咱们回家刷刷牙、洗洗脸好不好？"原本以为又要遭到批评的邹没想到老师找她就是这点小事，大大的眼睛里充满了疑惑，一步三回头地回到座位上。第二天，我又叫来邹，并大大地表扬了她做到了我们的约定，今天变成了一个干净的小姑娘。邹的眼睛里闪烁着不可置信的光芒，仿佛在说：我竟然也能得到表扬？我对她说："只要你做到和老师的约定，你就是最棒的，老师就最喜欢你！"然后在全班同学面前大大地表扬了她，让全班同学了解，只要有进步，哪怕每天只是一点点，都是值得被表扬的。借机我又对邹提出建议："你自己已经这么整洁了，明天是不是应该穿一件干净的小衣服，才配得上你的笑脸呢？"于是第二天，我真的看到了一个干净整洁的小姑娘。

　　从这时开始，我"得寸进尺"，经常对邹提出一些不同的要求与希望。我要求邹每周末都要洗一次澡，每周三剪一次指甲；每天带一个小垃圾袋，把垃圾都放在袋子里，然后交给我；课间不许逗留在教室里，必须到操场上活动，可以先自己跳跳绳，如果同学们有兴趣，也可以大家一起试着跳一跳；我还每天单独给邹布置作业，并告诉她不用跟全班同学完成一样的作业，但是必须学会我每天单独布置给她的字词、计算任务……为了不让孩子感受到过多的压力，我从不拿成绩去衡量邹，只关注她每天一点一滴的进步，甚至恨不得把她的点滴变化告诉所有人，让大家都来称赞她、喜欢她。我抓住每一个机会在全班同学面前夸奖邹，把邹树立成榜样，一次又一次帮助邹融入同学中去，让她感受到温暖。

　　时间一天天过去了，我把越来越多的爱投入到邹的身上，让她相信李老师是最爱她的，无论发生什么事情，老师都是她最坚强的后盾！直到有一个平常的中午，邹羞羞答答地找到了我，小小的声音附在我耳边说："老师，这是我自己试着默写的古诗，送给你！"弱弱的声音宛如天籁，那一刻我知道我收到的不仅仅只是一首古诗，更是邹对我的信任与回馈，这个孩子是真真地感受到了爱，触摸到了光明。我装作若无其事的样子，接过了一张皱皱巴巴的纸片，我用红笔圈出古诗里的错别字，然后揉了揉小姑娘不再油腻的刘海，笑着说："嗯，背得不错，去把这几个字改过来，我要贴在黑板上展示给大家看！"

　　几年的时间里，我从未停下步伐，我真诚包容地爱着邹，而邹冰封的心，也一点点被我融化。在班级里，有了自己的好朋友，就连家长会，都会有家长对自己的孩子夸奖邹进步大，鼓励自己的孩子要多跟邹在一起玩耍，向她学习。在学习上，邹的成绩从三年级上学期第一次统考的不及格，逐渐进步成四年级的七十分，最后五年级的毕业考，邹也取得了数学 87 分

"优"、语文89分"优"的好成绩！或许邹并不是大多数人眼里的好学生，她既没有取得100分这样的好成绩，甚至没有达到平均分，但我更多的是关注到了邹的进步与变化，我永远不会忘记那个低着头，把眼睛藏在刘海后，脸蛋边全是油腻的小女孩；我更记得，毕业时那个笑得眼睛弯弯，挎着好朋友缠着我要照相的小姑娘，我相信邹只要带着这样的自信与开朗，未来一定会一片光明！

  学生在成长过程中不免会遇到一些坎坷，如果，恨铁不成钢的苛刻和急功近利的矫正不能收到立竿见影的效果，那么我们不妨手持爱的心灯，用我们心灵的灯光为之引路。多给学生一份爱护，搭起一座沟通的桥梁；给学生一份鼓励，为他的每一次进步喝彩，期待他下次可以做得更好；给"后进生"一些包容，有了宽容，学生才能在一次跌倒后重新站起。同时，我们还要给学生足够的时间，耐心地等待他带给你惊喜。"十年树木，百年树人"，愿我的学生在爱的氛围里茁壮成长！

李春霞

哈尔滨市抚顺小学校

"生动形象、轻松愉悦"的教学风格

教学理念：倾听童声、学会微笑、善待学生。

让柔情淌进孩子的心灵

"李老师,我又不是你的亲生孩子,你为什么这么关心我呢？"这是一个十分顽劣的孩子对我说的话。

小Z从小父母离异,跟爸爸和奶奶生活,爸爸经常打他,而奶奶却非常溺爱他,导致他成了一个极端、偏激的孩子,目中无人、嘲讽同学、不爱学习、懒惰、顶嘴、说谎……总之缺点很多,大家都不喜欢他,每天都有学生告他的状。

做班主任的，难免会面对关于后进孩子的棘手问题。当一个孩子表现得最不可思议时，往往是他最需要关爱之时。我先调整好自己的心态，控制好自己的情绪，当小Z出现不良的状况需要我处理时，尽量减少或避免对他的责备和训斥，多倾听他内心的声音，缩短师生间的心理距离，让他在情感上向我靠拢，以取得他的信任。

为了走入他的心灵，我时常趁空余时间，找僻静的地方，或走廊里，或操场上，与孩子沟通交流，舒缓孩子的心情，释放孩子的紧张，毕竟孩子也知道说不文明的话，做不文明的事，同学、老师是不喜欢的。还有一回陪他聊到了晚上6点，还送了他好吃的……

整整一个月没听见同学的控诉，我不是正可以利用孩子的这一点进步吗？我把他找来了，夸奖了他一番，表扬他现在不说脏话了，很不容易。很少听到表扬的他心花怒放。

在与他聊天中，告诉他什么是对的，什么是错的；耐心地教导他如何与人交流，如何做一个让大家喜欢的孩子等。在疫情期间，几乎每天我都与他微信或者电话进行交流，不断地鼓励他、表扬他，像妈妈一样关心他。我也会与他分享我的劳动成果，把我做的小糕点拍照片发给他，与他一起分享，告诉他开学后做给他吃。他说："您做的糕点真好！我看着就馋了……"从他的话中，我们能感受到他真的特别开心。他每天没事就找我聊天，有时一天给我打好几个电话或者视频聊天，就好像粘上我了似的，这正是他缺爱的表现吧。开篇的那句话就是他某一天对我说的。当时我听到那句话很意外，他能说出这样的话，说明他感受到了老师对他的爱，能够对老师敞开心扉。

有一段时间，他去妈妈那儿住了，住的第二天就说谎了。妈妈因为他说谎就要把他送回爸爸家，可是他不想走，想和妈妈在一起，特别伤心。在那种情况下，他没有给爸爸打电话，没有给奶奶打电话，而是给我打了电话。我接通电话，听到的就是让人心碎地呼喊："老师……"然后就是抑制不住的大哭。我当时吓坏了，第一次遇到这样的状况，连忙安慰："宝贝宝贝怎么了，别着急，跟老师说发生什么事了？"他边哭边说："老师，你帮帮我，妈妈要赶我走，可是我不想走……"我先是安慰他："好好好，不哭了不哭了，你慢慢跟老师说经过，老师帮你想办法好吗？"当时我真想把他抱在怀里安抚。我和他聊了有一个多小时，最后他认识到自己不应该说谎，也保证以后不说谎了。他按照我说的去做，向妈妈承认错误，妈妈果然没有让他走。孩子在最伤心的时候，在最需要帮助的时候，他首先想到老师，说明他信赖老师，老师是他倾诉的对象，甚至可以说老师是他的"救命稻草"。从这以后，他更听我的话了，更加地信任我了，我们的关系也更加亲密了。他还时不时地跟我说他的小秘密！

在今年母亲节的前一天晚上，我给他发微信说："宝贝，明天就是母亲节了，虽然妈妈没有在身边照顾你，但是她生育了你，把你带到这个世界，所以，明天你一定要对妈妈说声节日快乐。"第二天在凌晨5：37的时候，他给我发了一条微信：祝李妈妈母亲节快乐！当我看到这几个字时，流下了眼泪，我的心情很复杂：惊讶、感动、意外、心酸……五味杂陈。学生对老师说母亲节快乐很正常，没什么，但这声李妈妈……使我感受到让我对他付出再多也是值得的。高尔基说过："谁爱孩子，孩子就爱谁，只有爱孩子的人才会教育孩子。"的确，爱是一种情感的交流，当你把炽热的爱，通过一言一行传递给孩子时，就会激起孩子对你情感的回应，从而乐于接受你所给予的一切。

让柔情淌进孩子的心灵，给他温暖，关爱他，鼓励他说出心中的郁闷愁结，不嘲笑，不讽刺，引导他，帮助他，让他从心灵的阴影中解脱出来，做一个快乐的孩子。

王珂

哈尔滨市抚顺小学校

"用爱积淀、用心引导"的教学风格

她坚信：静待花开，每一名孩子都会有属于自己的精彩。

立德树人，爱心伴你过一生

记得从小时起，我最大的愿望就是当一名教师。为了那梦想，常常召集几个小顽童，墙上挂上一个小铃铛，用手摇几下，表示上课了，然后便摇头晃脑地讲起了连自己都一知半解的"锄禾日当午，汗滴禾下土……"那种庄严而神圣的感觉便油然而生。长大后，当我带着青春的激情踏入校门时，当我开始成长为一名人民教师时，才真正懂得了这已不再是一种游戏，而是一种事业，伴着这种事业要求我具备高尚的教师道德、素质，这才是我们心灵的归宿。

先圣孟子在两千多年前就教诲我们："仁者爱人"。泰戈尔也曾叹道："不是槌的打击，而是水的载歌载舞，使鹅卵石臻于完美"。"每个人都需要爱"这是我的老师当年教给我的一句话，多年以后，在细细地品味中，我发现这句话使我获益匪浅。在平日的教学工作中，我试图以平等的尊重和真诚的爱心去打开每个学生的心门，因为我知道，每一扇门的后面都是一个不可估量的宇宙，每一扇门的开启都是一个无法预测的未来。教育是对生命情怀的倾诉与关注的过程，是知识的构建与生成的过程，是师生的世界彼此融合升华的过程。

作为一名低年级班主任教师，我知道家长对老师在关心孩子生活方面的要求有时更甚于对他们学习上的要求。因此，我在工作中永远记得他们不是我的学生，而是我自己的孩子。我们班有名叫公爵的孩子，他小的时候打针致使双耳重度耳聋，需要佩戴助听器。还记得第一天上学时，家长特别不放心，拉住我的手千叮咛万嘱咐，眼泪在眼圈直打转。孩子那胆怯的目光和家长殷切期盼的眼神至今都在我的脑海里回荡。我知道这样的学生心理是十分脆弱的，因此，我在班级为他树立信心，鼓励学生们帮助他、关心他，让他感受到集体的温暖，喜欢学校、老师、同学。利用休息时间一遍一遍教他每一个字的发音，有时一个字要教上几十遍，可是我并不觉得累，看着他能和同学们正常地交流，我真是打心眼儿里高兴。现在二年级了，学的课程越来越难了，我往往要把课堂上的知识在课后再给他讲解一遍……经过我和家长的共同努力，公爵学习成绩在班级里一直名列前茅。

除了在学习上关心他，生活上我对他的关怀更是无微不至。公爵的助听器一副要三万多块钱，这笔钱对任何一个家庭来说都不是一个小数目。我不但自己十分注意，而且发动全班同学帮他注意，时刻提醒他。还经常召开主题班会，让孩子们懂得去关心别人，帮助他人。现在他和我们班的任何一名学生一样，没有什么特殊，完全融入了集体。在我的工作中，我一直坚持将心比心、以心换心的原则。在相处中，家长了解我、支持我、信任我，协助我可以更好地开展工作。

有人曾经说过，用欣赏的眼光审视自然与世情，我们会发现大自然和生活原本是这样美好；用欣赏的心态对待亲人和同事，我们会由衷地感谢这一次的人生；在欣赏的目光和氛围中工作生活，我们会更加愉悦自信地去做好一切应尽的义务与责任。当然作为教师，对待我们的学生也应该用这种欣赏的眼光去看待。

相信大家还记得我们班的学生崔凤鸣，该生生性顽皮，性格倔强，不服管教，傲慢无理，经常违反学校及班级的各项规定，是有名的问题学生，所有人提到他都感到头疼。作为班主任的我，更是想尽办法来改变他，可是一切努力都收效甚微，因此，这名学生的问题就更为棘手了。说真的，当时我对他真是十分头痛，感到力不从心。但我并没有就此放弃，而是不断地找寻突破口，对该生进行积极地教育和引导。

还记得是一件小事，使我更加了解了这名学生；同时也使他有了很大的转变。崔凤鸣的妈妈去了外地，一走就是数月，家中只有一个朋友家的哥哥照顾崔凤鸣。崔凤鸣在学校连吃饭的钱都没有。我了解情况后，没有因为他平时的劣迹而不管不问，而是嘘寒问暖，帮助他买饭，在精神上、物质上给予帮助。这时的崔凤鸣不再像平时那样傲慢了，也愿意主动与老师谈心、沟通。我发现，崔凤鸣发展成今天的问题学生，家庭的影响是相当重的。他生长在单亲家庭中，母亲又无固定的经济来源，使他过早地接触了社会阴暗的一面，养成了他今天这种傲慢无理、冷淡倔强的性格。找到了事件的突破口，工作起来就容易了许多。我在与崔凤鸣日益频繁的交流沟通中讲道理，谈理想，一点一滴地改变他，使他能融入班级这个大环境中，不再显得与同龄孩子格格不入了。他也不像以前那样频繁地惹事打架，对自己的言行有了大幅度的改进！

有人说，从来没有哪一个职业像老师一样付出如此的多。是啊，当看到学生们羽翼丰满，展翅高飞时，他们倍感欣慰；当他们听到学生说出的"老师，您辛苦了"这普通的问候时，艰辛都已烟消云散，唤来的又是旭日东升的明天。他们只求付出不求回报。冰心说过:"情在左,爱在右,在道路的两旁,我们随时播种,随时开花。"让我们用爱搭建一座通向未来的平台,将爱延展成一条洒满阳光和花朵的大河,使我们和学生沐浴其中,欢畅其中。

> 张萌
>
> 哈尔滨市抚顺小学校
>
> "亲切自然、启智导行"的教学风格
>
> 她坚信：智慧陶冶心智、习惯成就人生

欣赏学生　感受职业幸福

我是一名平凡而普通的小学教师，担任着二年级班主任工作一职。在这两年期间，有欢笑，有泪水，但我最大的感受则是我和学生的共同成长。

作为一名班主任既要教育学生明辨是非，懂得基本的做人道理，又要教育好学生学习真本领。

管理班级，是一项艰巨的工作。它需要爱心、耐心与细心，也需要创造与发现。作为一名班主任，要拥有一双善于发现的眼睛，切身了解每名学生，不扼杀每名学生的创造力和无限可能，用心去感受每名学生。一位教育学家说过，一名教师的眼睛看不住几十个学生的眼睛，但老师的一颗心，可以拴住几十个学生的心。孩子们都是可爱的，虽然他们富有个性，学习上差强人意，行为习惯上缺少应有的规矩，但我相信孩子们的心灵是纯洁的、干净的。只要我一直保持初心，真诚以待，就能感化孩子，在教育教学的道路上演绎出精彩的故事。

我赞同"用规矩来惩戒，而不是用脾气来震慑。"这句话，教育学生是需要规矩的，一味地用激烈的言语来要求，学生会变得被动，甚至反感，但规矩学生要懂，无规矩不成方圆。下面就一些实事，谈一谈自己的处理方法。

案例一：低年级的学生，会涉及晚上放学家长来接的事情。我发现有个别孩子，放学还未解散，家长就爱子心切，急急忙忙地帮孩子拎书包拿饭兜，生怕孩子累着；还有一些孩子，老师说完"同学们再见！"立刻不见人影，不管不顾，家长大包小裹地紧跟其后。发现了这一现象后，我立即开展了主题班会。在班会上，首先提出了问题，问问孩子们有没有发现这样的现象，孩子们众说纷纭，并且也有细心的孩子表示观察到了这一现象。其次，问了问孩子们的想法，大家一致表示这样是不对的。接下来，我没有指出这几名同学的不对，而是把弊端讲给了他们听，强调了天黑的不安全性和当时人多的情形，极易与父母走散，带来的后果是不可设想的，所以放学后要紧紧抓住父母的手，平平安安地和父母回家。同时还给孩子们树立了自信，说上学时同学们都能独立整理书包，并且自己背着书包下楼，管理好自己的物品，那么放学的时候我们还需要家长帮忙吗？孩子们都异口同声地说："不用！"接下来又给孩子们加油鼓劲，孩子们大声说："我能行！"当天放学时，孩子们整整齐齐地站好队伍，安安静静地等待着老师清点人数，其中有一名家长要帮孩子拿书包，我看到我班那个小男孩，张梓恒，特别坚定地对奶奶说："我能行！"就这样一直自己背着书包，放学时还特别有礼貌地对我说："老师再见！"当时我的内心真是倍感欣慰！

学生是天真的、可爱的，有的家长和我说，在宝贝心中老师的地位高于父母，老师是他们崇拜和信赖的人。正因为如此，我们更要加倍关爱每个学生，激发学生的自尊，诱发学生的自我教育，让老师的希望化为学生的自觉要求，这样的教育才有后劲！

案例二：前一阵由于疫情原因实行线上授课，刚开始我们班有个孩子极其不适应，上网课不能全程跟下来，也听不进去，还会哭鼻子，家长也是无能为力，很苦恼。我和这名家长多次沟通，并给家长信心，说："孩子现在处于低年级，年龄还小，还没达到自主性学习的时段，没有老师在身边，让他们面对着冷冰冰的屏幕，肯定不适应，需要咱们家长和老师的耐心指导和引导来帮助孩子。"我很理解孩子，之后又和这名孩子进行了微信语音沟通，问她："冉冉，现在用电脑学习是不是不适应呀？"孩子说："老师，电脑里的课程太快了，我跟不上。"我说："没关系，老师在电脑这边一起陪着你呢，如果觉得快，我们可以提前预习，课后及时复习。如果你有不懂的问题可以来问老师，老师很乐意为你解答。"我和孩子你一句我一句地聊着，我站在她的角度对她进行沟通和引导，孩子逐渐地适应了。慢慢两个月过去了，这个小女孩变化特别大，后来自己都可以独立通过钉钉视频会议上课，有时在语文课中还可以看到她和视频中的老师进行互动，隔空写字、读词语、读课文。与此同时，我及时地给予鼓励，当着全班同学的面表扬她，刚开始这个小女孩还有些害羞，多次表扬后，脸上露出了自信的笑容。我很高兴她找到了自信的样子。现在开学了，冉冉也比上一学期更有进步，在我讲知识的时候，都会很认真地听，积极举手回答问题，积极动脑思考，看到她的转变，她的进步，我感到很满足，这也是我的成功之路。

没有爱就没有教育，我用爱心融化了这个小女孩的内心，一朵自信的花儿已经在她的心中生根发芽，静静绽放。好孩子是夸出来的，是一句句赞语、一次次鼓励激发出来的，它比任何暴风雨般的批评更有力量。试着走进他们的内心，用心地去读懂他们，才会更清楚地知道他们想要的是什么，才会更优地启智导行。

　　做为一名班主任，我们要更用心更细心地面对这项细致而繁杂的工作。表面上我们面对的是这些充满好奇、天真可爱的孩子们，但其实我们面对的是一个个内心世界，我们要更努力让每一个孩子心中充满阳光，在充满爱的世界中快乐成长！

刘洁

哈尔滨市抚顺小学校

"知所启发、优与心成"的教学风格

她坚信：表扬与鼓励是激发学生潜能的最佳途径。

因材施教　绽放光彩

摘要：用对的方式培养儿童自信、独立、勇敢的品质，以及与他人互动协作的能力。总之培养孩子健全的人格，才是小学时期教育的首要任务。

关键词：自卑；因人施教；闪光点；关爱

作为一名老师要让每一个孩子在学习当中都成为发光体，如果做到了这点，那我们的因材施教就真正落到实处了。讲到因材施教，我就想到了最早的教育家孔子。因材施教，这在《论语·先进》第十一章里面有一个非常典型的例子,是这样一段对话,子路问老师:"闻斯行诸?"(我听到这个话是不是就要去做?)孔子说:"你怎么可以听到就去做呢?"接下来冉有又问:"闻斯行诸?"孔子听到了说:"你听到就要去做。"随后就有学生问:"为什么两个同学问一样的问题,回答却是不同的呢?"孔子说:"冉有是谦让的,所以让他去做,要激励他。而子路是比较好勇的,因此我就要他先退去。"由此可见两千多年前的孔子非常重视因材施教。那对比今天的社会,因材施教显得尤为重要,雕塑师能够去辨识材料的质地、走势,然后再因其形状的特点而雕出独一无二的艺术品,那教育何尝不是如此呢?下面就三个案例去谈谈一个孩子当下现状的成因分析,及因人施教策略方法。

一、成因分析

案例一:小明(化名)在家中被溺爱长大,在课堂上讲话、吵闹是常有的事,要么就是睡觉或逃课,每科成绩都不达标。教师通过一段时间对小明的了解得知,小明的家庭条件优越,从小由爷爷奶奶带大,老人对其有求必应,事事顺从,致使小明越发得任性野蛮,在家里可以随时上网,作息时间没有规律,打游戏到通宵是常有的事。小明有一个堂弟,在校是好学生,在家里也很懂事,小明的爸爸总是会拿他与堂弟比较,而且小明的爸爸相信"棍棒底下出孝子",所以教育小明的方式就是表现不好便棍棒相加,而结果是越打越糟变成了现在的样子。

根据小明的现实情况,教师拿出了一套方案。首先,家庭是问题的根源,所以与小明的爷爷、奶奶、爸爸、妈妈做了一次深入的沟通,让小明的爷爷、奶奶和父母看到自己在养育孩子过程中犯的一些错误,溺爱会让孩子没有担当,很难适应社会的规则,父亲对孩子粗暴的管教只能震慑孩子一时,但对于孩子长久的发展是有害无益的。后来从爸爸那里得知,小明的一个好朋友在放学的路上曾被他人欺负,小明知道后一直陪着好朋友上学、放学,陪伴他,保护他。教师就这件事情在班会上表扬了小明,这一下子提升了小明的自信心；第二，鼓励他积极参加集体活动，多接触班级优秀的同学，与他们结对子，进行一帮一的辅导学习，经过一学期的联合努力，小明在各方面都有了进步：网络游戏控制在了一小时之内，作息时间正常了，能够遵守课堂纪律了，学习也渐渐有了动力。

案例二：小红（化名）上课不注意听讲，爱独处，很少与同学交流、玩耍，从不主动回答问题，平常测试成绩都不及格。通过了解，小红之前一直是很开朗的孩子，与邻里的伙伴以及班级的同学相处得都很好，成绩也稳居上游，但在四年级的时候成绩突然直线下降。在与家长详谈中得知，小红原来有一个幸福的家庭，爸爸对她尤其喜爱，但在她四年级时爸爸入狱，同学们也因此经常嘲笑她，自尊心很强的小红一时难以接受生活的变故，变得不爱与同学交往，甚至跟妈妈提出不想上学的念头。其母说小红在家里很懂事，很少让妈妈操心，经常帮忙做家务，有时也会帮着照顾4岁的妹妹。

针对小红的情况拿出了一套方案：①小红的妈妈去探视小红爸爸的时候说明小红的情况，让小红爸爸给小红写信说明自己当时轻视法律，悔不当初，现正在积极改造，很快就能回家，让小红安心又能重拾信心；②老师给嘲笑过小红的同学们做思想工作，并让他们向小红道歉；③动员其他学生主动找小红交朋友，共同互助学习；④老师平常多找小红谈心，让她理解到父亲的过错只能代表父亲，小红依然是好孩子，好学生，小红如果能好好学习，父亲那边也能踏实改造，争取早日回家团聚；⑤开一次有主题的班会，班会上请小红给同学们讲讲在生活中是怎么帮助妈妈做事情，怎么照顾小妹妹的。这时老师可以评小红为劳动标兵，让同学们向她学习。经过以上几点，小红很快又可以和同学互相玩耍，课堂上也不再溜号了，作业都能按时完成。两年后，她以优秀的成绩升入了中学。

案例三：小林（化名），上课不听讲看课外书、好动、多语、在课堂上睡觉、爱搞恶作剧、违反纪律不认错且与老师顶撞、三科成绩总分不到80分。经了解，小林上幼儿园中班的时候，父亲因病去世，母亲忙于工作精力有限，孩子放学后又交给了看护班，导致本就调皮的孩子变得更加不听话。

针对小林的方案是这样的：①与小林的母亲沟通小学阶段孩子的习惯养成对他一生的重要性，与其母探讨工作与子女教育的取舍利弊。建议小林母亲尽量抽时间陪伴孩子的学习和生活。②让小林担任班级的纪律委员，去监督课间同学追逐打闹的情况，并把违纪同学的名字记录在小本子上。③找到小林同学的闪光处，当发现有同学的课桌椅坏了小林能主动去帮助同学把桌椅抬到修理室时，给予他积极的肯定，老师交给他负责小组的分发工作他都能做好，也及时给予表扬，与此同时老师也要号召同学们向小林学习，学习他的热爱集体及互助友爱的品质。④找到原来对小林有偏见的同学，鼓励他们重新去看待小林，消除戒备，友好交往。通过以上的工作，发现小林违纪的现象少了，能够做到自我约束，也不再搞恶作剧了，学习成绩也比以往有明显提高。

二、策略方法

（一）背景环境，寻找原因

要做到因人施教，首先要做到对班级的所有学生有清楚的了解，寻找当前孩子问题形成的根本原因，根据具体情况为孩子定制专属方案，一生一法，一类一策，只有找到症结再去对症下药，才有可能制定出打开孩子这把锁的钥匙。

（二）家校联合，爱心感化

人们常把问题的出现归咎于学校，其实，学校只不过引发了家庭教育的潜在问题而已，得当的教育能够弥补儿童早期教育的欠缺。教师可以作为班级与家庭之间的媒介，去看到孩子的父母在家庭教育上的弊端，并去劝导学生家长改正错误的教育方法，引导家长转变教育理念，指导家长采用正确的教育方式，这样才能充分调动家长在孩子教育中的主导作用。在教师与家长的共同努力下，让孩子不仅仅能够学习到书本上的知识，也能收获到生活的学问与生活艺术。

（三）闪光点便是突破口

在学校往往会看到一些很自卑的孩子，这些孩子有的是因为生理与心理上的相对不成熟，容易在学习和生活中碰壁。由于没有很好的自我调适能力，又缺乏勇敢面对挫折的勇气，再加上老师和家长也没有足够地重视，当他们回避自己所要面对的问题时便也固化了问题的形成。自卑心理由此演变而来。俗话说："尺有所短，寸有所长。"每个学生都会有他的优点和长处。在教学过程中，教师要想方设法挖掘他们的闪光点，把他们提升为先进示范标兵，并引导其他学生学习他们的优点，这样就可以使他们认识到自己并非一无是处，还有能得到老师和同学的肯定，使他们体验到了成功的喜悦，这样学生就可以重拾信心，逐步消除自卑心理，唤起斗志，改变自己。

结论

师者为师亦为范，学高为师，德高为范。作为一名教师，要照亮别人首先自己身上要有光明，要点燃别人首先自己心中要有火种。一个好教师不仅要有学术上的能力，而更要拥有人格的感召力。教育是爱的共鸣，是心与心的呼应。教师只有热爱学生，才能教育好学生，热爱学生是教师职业道德的根本。陶行知说过，"没有爱就没有教育"。要想做一名好教师，爱心是必备的，这点做不到，决不能称为是好教师，学生们也决不会喜欢的。付出爱的过程是甜美的，付出的过程也是艰辛的。每位学生都期望得到老师的关爱，这就要求教师有足够的智慧与爱心，用爱与智慧去融化他们心中的坚冰，让他们在愉快的情感体验中去接受教育。要做学生的良师益友，要做一个学生喜欢的老师，不论在生活上，还是学习上，要了解学生的个性，相信学生，关心学生，对程度、水平不同的学生，采取不同的教育方法，特别是对后进生要给予更多的关心。尽自己所能使他们共同进步、健康成长。

◆◆ 教育叙事

高蕊

哈尔滨市抚顺小学校

"融爱之怀，润育他人"的教学风格

她坚信：在"静待花开"的时候，需要我们用心、用爱去浇灌，才能开出美丽的花朵！

打造幸福的教室，做幸福的教师

什么是幸福？对于这个问题，我思考过很多次。小的时候，我认为幸福是自己所有的愿望都能实现；而慢慢长大时，我发现幸福是你成功地完成一件事的过程；而现在作为一名母亲，我认为幸福是有孩子的陪伴的每一天。然而，作为一名班主任来说，我认为幸福就是教师能与家长和谐相处，在学校里每时每刻都有学生们天真无邪的笑容的陪伴，老师和孩子们就像一家人一样能够亲亲热热地生活在一起。那么如何打造一间幸福的教室呢？

对此，我有一些粗浅的看法：

一、用爱关怀每一位孩子，构建和谐幸福的师生关系

师生关系是学校教育过程中最基本、最重要、最活跃的关系，和谐融洽的师生关系会对学生产生"随风潜入夜，润物细无声"的教育效果，可以说师生之间的关系决定着学校的面貌，决定着学校的教育教学质量。特别对于那些刚刚走进校园的一年级的小学生来说，这种和谐幸福的师生关系能大大提高他们的安全感。我所教的学年就是一年级，这群小淘气，刚刚走进校园这个陌生的环境，时不时地还要哭着喊妈妈呢。为了能让孩子们很快地适应这个新的环境，我由老师变成了他们的亲人。上课时我认真传授知识；下课时，我与他们进行谈心，以此来拉近彼此的距离，从而走入他们那充满童真的世界。通过这种聊天，我也了解到班上学生的一些情况，班级中的XX同学爸妈离异多年，各自成家，现在只靠奶奶一人来抚养。这个孩子肯定缺少爱，于是每天我都用爱来关心这个小家伙，而同时我也收获了他的爱心。每天一大早他来到学校总会张开双臂来搂搂我的腰，而我也不会吝啬，必须在他的额头上来个香吻。同时对于其他孩子的关注也不会减少，只要有谁遇到困难，我都挺身而出。因为在孩子们的心灵深处，他们认为老师就是英雄。久而久之，他们对我有了信任感，认为我是他们可以依靠的亲人，从而建立起一个和谐、幸福的师生关系。

二、用爱铺设育人环境，制定幸福班规

构建一个幸福和谐的师生关系是教育的基本条件，教育就是要让学生养成良好的行为习惯。俗话说得好"无规矩不成方圆"。一年级的小学生年纪小，自控能力差，会犯错，必须有所约束，那么班规就起到最基本的约束作用。基于此，我组织学生讨论班级建设计划，调动同学们的积极性，让学生一起参与到班级的建设当中。别看他们年纪小，但是却有着自己的看法，于是在民主地讨论下，学生对班规的理解更加到位。也只有学生将

这些东西转化成自己的，才能将班级对个人的约束转变成对自我的约束，促进学生的个人成长才更有意义。为了更好地激励学生养成良好的行为习惯，我尝试了教育激励的方法，激发学生努力学习，积极上进，有时是为了矫正学生的不良行为习惯，使其朝着激励者所期望的轨道和方向前进。于是我组织指导学生开展"争星"活动，制定了详细的争星方案。如：

(1) 进步之星：凡有一方面表现突出，不局限于某一方面，即可争星。

(2) 学习之星：上课积极回答问题，作业按时完成，正确率高。

(3) 文明之星：学习生活中讲文明，处处争做文明人。

(4) 守纪之星：上课能遵守纪律，不做小动作；下课不与同学打架、吵闹，并能主动维持班级纪律，尤其是老师不在的情况下能主动维持班级纪律。

(5) 友爱之星：当同学无论是遇到生活上还是学习上的困难时，能主动、热心地帮助同学。

通过这种方式，让孩子们养成良好的习惯，遵守幸福班规。

三、用爱创设体验活动，寻找教育的契机

对于教师来说主要的任务就是教书育人，在传授知识同时也要努力把学生们培养成为一个有道德的人。在平常的工作中，我们就要有一双善于发现的眼睛，去发现孩子们的不足，为孩子们创设体验活动，从而寻找到教育的契机。

（一）故事会的启示

每天早上，我们班级都要利用早自习的时间来诵读《弟子规》，孩子们背得十分顺畅，但是对于内容不太理解。于是我就在黑板上写下了三个字："慈、孝、悌。"我问学生们"慈"这个字你们认识吗？有些孩子说不认识，我告诉他们，这个字念"慈"。于是我让孩子们观察这个字的下面是个什么字呢？孩子们一齐说是个"心"。接过孩子们的话，我又问那在这世界上有什么人能真心实意地爱你们呢？孩子们打开话匣，有的说爸爸、妈妈、爷爷、奶奶等。此时，我总结到"慈"指的就是长辈对我们

的爱。接着我又指着"孝"这个字："大家看,孝这个字下面是什么字呢?"孩子们说,是"子"字,于是我又说："人老了,就要依靠自己的孩子来生活了。"此时,我问孩子们"孝"这个字是什么意思呢?班级里的XX孩子马上说："孝指的是我们对长辈的爱。"最后我用同样的方法分析了"悌"这个字,让孩子们知道了这"慈、孝、悌"三个字所表示的内涵。然而更重要的目的是去体会感受生活中我们要怎样学会孝顺长辈,关爱幼辈。于是,我在班级开展了10分钟故事会活动,让学生们搜集故事,如《黄香温席》《鹿乳奉亲》《子路负米》《孔融让梨》《赵孝争死》等,让孩子们自己来讲解从中体会到对父母要学会孝顺,对弟弟妹妹要学会爱护。

接下来,我又为孩子们创设了一个亲身体验的环境,重阳节与感恩节来临之前,在班级中设计了感恩孝亲生活方式体验卡,让孩子们通过自己的亲身体验,真正学会感恩亲人,感恩师长。同时,我也收获了快乐。

(二)确立主题活动,进行教育

在班级中,我也开展了一系列的主题活动,在中秋节来临时,班级开展了"快快乐乐过中秋"的活动,孩子们通过搜集信息了解了关于中秋的知识,同时大家还亲手制作了月饼,使学生们对我国的传统佳节有了更深的了解。

"快快乐乐过国庆"的主题活动,学生们通过看十一国庆阅兵仪式,对我们伟大的祖国有了进一步的认识,在认识的基础上,学生们与爸爸妈妈一起动手精心制作了一张张手抄报。通过这次的活动,培养了学生们的爱国情怀。

举行"勿忘国耻,悼念同胞"的主题公祭日活动。虽然学生们的年纪很小,但是通过这样的主题活动,把爱国的种子深深地埋在他们那幼小的心灵中。

(三)细微处着眼,进行教育

在与学生们的学习生活中,我发现只要你留心观察,处处都会有教育的契机。孩子们很喜欢玩,其实在玩的过程中也能受到教育。于是我经常带着孩子们在课间进行传球比赛和踢沙包的比赛，学生们玩得十分快乐，同时孩子们收获的是积极向上、乐观的心态，更重要的是让他们感受到团队精神和集体荣誉感，增强了班级的凝聚力。

  通过自己的努力，我慢慢发现，班级中的孩子们都在有限的时间里，有了不同的进步。每当看到孩子们一点一滴的进步时，我就会感觉到十分的幸福，有这样一个有爱的班级，有这样一群可爱的孩子的陪伴，我认为这就是幸福。

吴盛男

哈尔滨市抚顺小学校

"情知互动、寓教于乐"的教学风格

她坚信：爱就是教育，没有爱便没有教育。

春风化雨　润物无声

　　班级有个男孩叫小峰。他上课不专心听讲，经常搞小动作，而且影响别人学习；下课追逐打闹，喜欢动手动脚；书写相当潦草，字都不能写在格子里；经常和同学发生矛盾，当有同学告他的状时，小峰就会出现折断格尺、铅笔、揪头发、打自己、对同学大喊大叫的行为。我开始找他谈心，同学告他的状，他非常生气，不知道该怎样表达，所以就伤害自己和损坏文具。从孩子的口中我还得知家里人都是生气就砸东西，相互大声说话的，他觉得这很正常。

听了小峰的讲述，我突然觉得面前的孩子非常孤单无助，而且十分缺乏安全感。我没有直接提出改掉坏习惯的要求，而是教他让心情平静的方法——深呼吸，吹个"大气球"，把不高兴都吹进"气球"里面去，然后用力地把"气球"打飞。说完我就和小峰吹了个大大的"气球"，而且用力地把"气球"拍了出去。小峰如释重负，露出了灿烂的笑脸。我在他的眼睛里看到了亮光，充满了信任和依赖。找到了平复情绪的方法，可是脾气还是很糟糕，没有同学喜欢和他做同桌，小峰又找到我，他说自己还是管不住自己，怕伤害到其他同学，想要一个人坐。看着无助的小峰，我说："没关系，从今天开始老师就是你的同桌。同桌，你好！"小峰先是惊讶，接着开心地坐在了我的对面。

小峰成为我的同桌后，我们俩开始约定，要遵守学校的各项规章制度，以学习为重，按时完成作业，努力写好字，知错就改，争取进步，争取做一个同学喜欢、父母喜欢、老师喜欢的好孩子。他努力地完成着我们俩的约定，一个目标一个目标地完成。小峰每天的情绪管理也越来越好，已经很少需要用"吹气球"的方法缓解情绪了，而且同学们也开始和他做朋友了。

我在他身上还发现了更多的闪光点。在体育课上，小峰参加了小组跳绳比赛，在筋疲力尽的时候，听到同学们为他加油的声音时，他没有放弃，咬着牙努力坚持。当时的一幕让我看到了这个孩子的可爱之处，他是一个热爱集体、积极向上的孩子。我要让他慢慢地转变，成为一个人人喜爱的孩子！

帮助小峰管理好情绪，我的下一步工作目标就是有针对性地先让他认识到自己的错误，再逐一改正。小峰对于我的建议都表示赞同，并且表示有信心完成。果然，无论是在纪律上，还是在学习上，小峰都有了明显的进步。当他有一点进步时，我们都会击掌庆祝，而且我还会及时给予表扬："我同桌最棒了！"当小峰听到我的肯定时，总会咧着嘴冲我笑。

为了提高他的学习成绩，我特意安排一个责任心强、学习成绩好、乐于助人、耐心细致的同学孙萌帮助他，目的是发挥同学互帮互助的作用，利用课余时间帮助他。课间休息的时候，孙萌会给他出一些题目，做完后给他批改讲解。有了同学的帮助，他的学习积极性有了明显提高，相信只要坚持下去，他的成绩一定会有更大的进步。

小峰的集体观念很强，为了最大限度地激发他的学习积极性和上进心，我有意识地让他单独负责一些班级里的工作。比如，冬季课间操跑步时，他在班级队伍中总是和周围的同学打打闹闹，跑步根本不能正常进行，调换了好几个位置都不能改变现状。于是我决定让小峰一个人单独跑步，为了保护他的自尊心，同时利用他的集体观念，我告诉小峰，给他一个光荣的任务——班级领跑员。刚开始我也很担心，如果领跑做不好，整个班级可能就都乱了，所以在给他布置任务的时候，我也把领跑员的重要性讲给他听了，并且有种"千斤重担一人挑"的感觉。听了我的说明，小峰原本迷茫的脸上多了一丝坚定，并向我保证一定能跑好。忐忑的第一天跑操，紧张的第一周跑操，不安的第一个月跑操……小峰跑操的过程中不但没有一次调皮，而且还非常好地完成了领跑任务，使我们班的冬季跑操获得最佳班级的荣誉称号。这次的成绩对于孩子是莫大的肯定和极大的鼓舞，从此对于我交代给他的任务都能够认真完成，而且学习上也变得积极主动起来。用他妈妈的话来讲"整个孩子都像是变了一个人一样"。看到小峰的巨大变化，也让我悬着的心放了下来，并且让我对于走进孩子的内心，寻找孩子的特点，制定不同的教育方法更加有信心。

在教育观念更新的今天，作为一个热爱学生的教师，有责任让学生树立信心进而达到育人的目的。让我们携起手来乘赏识之风，捧起关爱之情，燃起信心之火，播下希望之种，使每一位后进生都能沐浴在师生的关爱之中，共同把后进生转化成为先进生，成为国家的栋梁之材！

> **何丹**
>
> 哈尔滨市抚顺小学校
>
> "循循善诱、温情陪伴"的教育风格
>
> 她坚信：我是一株百合，不是一株野草。唯一能证明我是百合的方法，就是开出美丽的花朵。

家校信任　共情沟通
——理解他人　理解自己

习近平主席在出席中国科学院第十七次院士大会时曾引用《管子》中的一句话说："一年之计，莫如树谷；十年之计，莫如树木；终身之计，莫如树人。"当我听他说完这句话时，身为一名普通小学教师心里感到由衷的自豪和感动，能在教育这条长情的道路上陪伴孩子们茁壮成长深感荣幸。

一场突如其来的新冠肺炎疫情，限制了人们的脚步，更延宕了正常教学的节奏。然而，学不会因为疫情而停止，教也不应该因困难而搁置。网上教学,"教"被弱化,"学"被凸显。这一重大社会事件作为压力源,也引发了个体的应急状态,教学形式需要做很大调整,人们每天都在接受新的事物,在这期间家长和学生的心理也发生了很大的变化。

一、案例介绍及分析

在新冠肺炎疫情期间,针对网络课程中对孩子们的上课状态观察发现,有的孩子存在上课状态不佳、注意力不集中、自主性不高、完成作业不及时、兴趣减弱等现象。教师们经过电话及视频家访,在和家长沟通过程中发现,特殊时期确实存在一些问题,家长和孩子都处于焦虑的状态,家长看到孩子学习情况不好,反复管教无果,双方发生矛盾,家长们称自己的孩子为"神兽",那么在这段非常时期,家长和孩子心理疏导和及时应对就显得尤为重要。

二、解决问题策略及过程

了解情况后,我第一时间在班级进行了两次家长复工调查,班级有八名学生家长已经复工,其中有四名学生由老人看护上网课,有两名单亲家庭的孩子父母不在身边,有两名学生独自在家学习。针对这样的情况,我思考了一个晚上,是否利用自己仅剩的备课前的一点时间,为这些孩子们进行线上答疑辅导呢?不得迟疑,第二日早晨,我就开始陆续地和这些家长沟通,梳理问题,调整对策。尝试着说明我的初步想法,取得了家长们的一致赞同,他们激动地说:"太好了,何老师,你想得真周到,帮家长解决了后顾之忧。"就这样,当晚我就在钉钉软件里,建立了12人小组群,以当时日期为小组命名20200408。每天下午1时开始,视频监督辅导这些孩子完成当日作业,有问题及时提问,及时线上答疑辅导,一个小时之内,基本完成家庭作业。这样,复工的家长回到家省去了大量的辅导时间,只要在检查作业后签字就可以了。

家长愁眉舒展了,更多的是陪伴孩子的亲子时光;家里再也不是硝烟战火，而是充满着浓浓的饭香；何老师的监督辅导比谁都能让他们放心，带着好心情工作。几天下来，晚上提交作业时你会发现，这几个孩子作业都能积极上交，作业质量也明显有好转，下午班级答疑时，他们也能自信地发言。父母也打来电话，纷纷表达了感谢。

  线上教学后，我充分利用班级群、钉钉群，与学生和家长建立实时沟通，及时发布学习任务并了解学生每天学习状态，有时甚至与他们一对一沟通。通过电话、语音会议、文字等形式及时调整学生学习状态，协助家长进行家庭教育。隔屏不隔心，有效地沟通，及时地处理，我发现，家长们和我更加亲密，孩子们更加想念何老师的课堂。我想，在这样的特殊时期，想别人所想，急别人所急，才是师者风范吧！传递着一份情，传递着一份爱，同时也传递着一份信任。家长用心陪伴，教师用心引导，孩子用心成长，就能开创家校共赢的局面。

孙超

哈尔滨市抚顺小学校

"朴实无华、润物无声"的教学风格

她坚信：踏实地走稳每一步，每位学生都会有属于自己的成功。

我们在一起

教师是一份职业，被所有人敬佩称颂的职业。有人用"春蚕到死丝方尽，蜡炬成灰泪始干"来赞美老师的奉献，有人用"捧一颗心来，不带半根草去"来歌颂教师的无私。小时候，看着老师们在讲台上授课的身影，敬佩感油然而生，我便立志要成为一名老师。而今，我在教师的岗位上工作18年，做了16年的班主任，从初上班的懵懂，经过这些年的磨砺，使我逐渐成熟起来。

通过与学生的接触，我和我的学生之间建立了亦师亦友的师生关系，发生了数不清的难忘的故事。从中，我体会了做教师的艰辛，也感受着学生带给我的快乐。

记得那年初夏，我发现学生们总是在课间时编一些五彩的小手链，有的学生甚至在课堂上一边听讲一边编。看着学生们的行为，我不禁思考：学生们怎么对编手链那么感兴趣呢？怎样能让这件事变得更有意义呢？五年级的学生了，已经算是大孩子了，我们平时总在教育学生要感恩父母的养育，要理解父母的工作不易，要勤俭节约，不乱花钱。那么这样的说教究竟起到怎样的作用呢？于是，我灵机一动，为什么不让学生借助端午节的契机，将自己编织的手链拿去卖呢？一方面可以通过卖东西感受父母的工作辛苦，另一方面也能让学生提高与陌生人交流的能力。

我先把这个想法偷偷地告诉了学生的家长，在取得了家长们的支持后，又把这个消息告诉了学生们。当我宣布这项"任务"时，班级内顿时沸腾起来！

"老师，我报名！"

"老师，我参加这个活动！"

"老师，我要编出更漂亮的手链去卖！"

"老师，可不可以再编些其他的物品啊？"……

学生们个个热情高涨，摩拳擦掌，跃跃欲试，都想通过自己的双手编制更漂亮的手链去卖。为了不影响学生们的学习，我们约定：只能利用休息的时间编制手链，不可以上课时间编哦。那之后，大家一有时间就积极想办法，还时常交流彼此编手链的技巧。不只是女生，就连男同学也都变成了巧手工匠，积极向女生请教编制的方法，也都投身到编物品的活动中。陆续地，七彩手链、五彩戒指、多彩项链等物品总会经常呈现在我的眼前，看着这些"劳动成果"，我也真心地为学生们高兴。

什么时间去卖呢？择日不如撞日吧！就定在了春游那天结束。白天的春游，大家已经有些疲惫不堪了，在回程的路上一个个昏昏欲睡。可当听说晚上要去售卖手链时，那浑身的疲乏感瞬间被抽空，一双双眼睛睁得又圆又亮，个个精神百倍！于是，经过简单的休整，我们定在中央大街集合。

　　傍晚五点四十分，我带领着参加活动的学生在明确了这次活动的意义与要求后，展开了这次售卖活动。由于大家都是第一次参加这样的活动，起初，还是有些不好意思的，都不晓得该如何张口。别看平时说话一个顶三个，到这个时候，还真有些摸不着头脑。怎么推销啊？要如何跟人家打招呼啊？这个要卖多少钱一个啊？……不同的想法影响着在场的学生。看着他们有些为难的样子，我只是告诉他们："孩子，勇敢地去吧！老师相信你能行！老师会在这里陪着你们，看着你们。只要你相信，我们一直在一起！"渐渐地，有的学生勇敢地迎向过往的路人，有的学生跑进了附近的商场，有的学生向路人说出了第一句话……看着学生们的进步，我倍感欣慰！

　　"老师！老师！我卖出去啦！看，这是我卖得的钱！"

　　"老师，还有吗？还有吗？我的都卖没啦！"

　　……

　　孩子们的能力果然是不可估量的，仅仅一个小时，他们从最初的不敢张嘴，到最后货品全部售空！看着学生们一张张兴奋的笑脸，我也是无比激动！通过这次活动，我看到了学生们的成长，这是他们走入社会的第一步！很荣幸，我参与其中。

　　"我们在一起"，说起来容易，可要让学生真切地感受到老师的心，往往需要付出更多的努力。我一路思考，一路前行，在摸索、尝试中始终坚持着用热情感染学生，用行动影响学生，用真心关心学生……孩子的成长既是一段漫长的过程，却也是转瞬即逝。我有幸和学生们一起成长，在成长的过程中，我们一起哭，一起笑，一起面对困难，一起迎接挑战。

> 李蕾
>
> 哈尔滨市抚顺小学校
>
> "情知互动、自然本色"的教学风格
>
> 她坚信：最好的教育是唤醒孩子的内在驱动力。

教育是心灵的呵护

"千秋基业，教书育人"，教育以人为本。教育的过程不仅仅是一种技巧的施展，而应该充满爱和情感。教育的每一个环节要充满理解、尊重和感染，要体现对学生的关怀、爱护和平等，教育是心灵的呵护。

班级管理员的竞选已接近尾声，平时爱发言、语言表达能力较强的同学声情并茂地演讲赢得了一阵阵热烈的掌声。在被感动的同时，我的心中更想着那位同学能做一个演讲，哪怕她竞选不上。带着些许地期盼，我走上了讲台，刚想再来一番鼓励和动员，只见一只小手从教室的角落颤颤地举了起来，就是她——小岳。她是女同学中最胆小的，刚入学时只要老师一叫她的名字，她的眼泪就会浸湿眼眶。她举起的手臂微抖，脸涨得通红，眼神中满含着渴望，身体僵硬地坐着，显然还有些害怕，见我注视她，她的手臂更抖了。同学们的目光也随着我的注视转向了小岳，大家疑惑地睁大眼睛，谁也没想到小岳能参加竞选。我对她送去了一个鼓励的微笑，然后大声宣布："欢迎小岳同学上台演讲！"她愣住了，继而显得更加紧张，我走下讲台，把她邀请上来。由于过于激动，她的声音更小了，也比以前更结巴了，有时甚至词不达意。她演讲完，低着头，有些失望地回到座位上。我总结了演讲情况，并提出了一个问题：在今天所有参加竞选的同学中，你最佩服谁？为什么？当听到许多同学嘴里说出"小岳"的名字时，我发现，她含着泪，慢慢抬起了头……后来，她把这件事写到了日记中："是老师的微笑让我鼓起了勇气，让我看到了自己能行。谢谢我的老师！"

教育需要真情的呵护。小岳是班级学生中不引人注意的一类，学习成绩平平、不善于言辞、不爱表达，但是她也有鲜活的思想，也渴望被尊重、被呵护。试想如果面对她举起的手视而不见，或以其他缘由让她失去机会，也许她会从此消沉。因此，我给她微笑的鼓励，把她请上了讲台，让她知道老师支持她，期待着她的成功。这是心灵的呵护，这种呵护的回报也是令人欣喜的，现在的她乐观开朗，是老师得力的小助手。

学生美好人生的开端掌握在教师手中，教师呵护学生的心灵，要像对待荷叶上的露珠一样，晶莹透亮的露珠是美丽可爱的，却又是十分脆弱的，一不小心露珠滚落，就会破碎，不复存在。得学生之"心灵"者，得教育之"精髓"。用心呵护学生的心灵，使他们能够快乐、健康地成长，这是我们每一位教师都梦寐以求的教育境界。

李沫

哈尔滨市抚顺小学校

"循循善诱、扎实稳健"的教学风格

她坚信：只要对学习充满信心，拥有克服困难的坚强，那些风浪和挑战终将变成向上的力量。

让快乐成为童年的主旋律

转眼间，从教已22年了。时常会问自己，这二十多年我给学生留下了什么？学生最需要得到的又是什么？已为人母的我，希望我的孩子可以不是最优秀的、可以不是最出色的，但一定是快乐、无忧的。当然，我也希望我的学生首先是快乐的、自信的、健康的！让快乐成为他们童年的主旋律。

"快乐"，来源于什么？我想，快乐，不来源于别人的馈赠，不来源于有多少索取、所得。快乐，来源于心灵的感恩：感恩生命、感恩生活、感恩经历，甚至感恩坎坷……我时常想：我的学生，我的孩子，一个个小小的美丽的生命，一张张洁白的无瑕的白纸，我更希望他们最先学到的是怎样做人、怎样发现生活中的美，我更希望送给他们每人一双发现美的眼睛！

鉴于以上想法，本学期我在班级内开展了"亲情系列活动"。我希望教会他们感受生活、感受亲情；去拾起身边最近的、也最容易忽略的情感；教他们学会感恩！这次活动共分为三个部分：《我和我的妈妈》《我和我的朋友》《我和我的老师》。

第一系列——《我和我的妈妈》，已经完全完成，收集成册。在卷首语上，我为孩子们写下了这样的话："学会感恩，学会感恩最爱你的父母。拿起笔来，给妈妈写一封信，告诉她你一直想说、又羞于启齿的'爱她'，用行动告诉她们，你正在长大。"

平时很淘气的许可在给妈妈的信中写道："我和别人不一样，因为我从小就是妈妈一个人带大的，特别辛苦，所以我很感激妈妈。以前我总是让您生气，以后不会了。这张信纸就是妈妈顶着寒风买回来的。我望着门口，盼着您早点儿回来。当您把漂亮的信纸交给我的时候，我激动得说不出话来，妈妈您可真好呀！有您这样的好妈妈，我以后一定要听话，让您每天都快快乐乐……"

可在妈妈更是连夜给孩子写了回信："上周五，从你和老师眼神交流的默契中，妈妈察觉出：你和老师有秘密了。妈妈忍不住嫉妒，不停地问你，可你一再强调说这件事暂时不能告诉我。所以，妈妈只有等待了，等待谜底揭晓的那一刻。今天晚上，收到了你给妈妈写的信，让妈妈非常吃惊和意外，你给妈妈的第一封信来得好早呀！你还那么小，但妈妈不得不承认：你长大了，虽然话语还是那么稚嫩。但是孩子，妈妈懂，懂你要表达的一切，懂你爱妈妈的真情一片……"

每每读起手中的一篇篇文章，心中都不禁涌起感动。一个个看似平凡的孩子，身上所承载的是多么浓厚的亲情，身上所承载的是多么浓重的希望！不禁感动于孩子们稚嫩而纯真的话语，感动于如海如天的母爱，感动于这浓浓的母子情。

第二系列——《我和我的朋友》，正在以"每日一星"的形式进行着，虽人数还未过半，但成效已初见端倪。石明同学是这样给内向的张硕同学写评语的：

"我们一起生活了四年多，但从来没有全面地观察你、帮助你、照顾你，真的十分对不起。乍眼看你，你是一个文静又平凡的小姑娘。细眼观察，发现你优点还真不少：乐于助人、纪律好、学习认真、默默地为班级做贡献……今天，这次活动又让我重新认识了你……"

而张硕给石明的回信中也真诚地写道："谢谢你的鼓励。我也希望聪明的你更聪明，优秀的你更优秀，愿我们友谊长存！"

从孩子们相互间真诚的赞美、热情的鼓励中，我看到了他们的善良和纯真，看到在他们眼中"美"已不难发现。

同时进行的还有第三系列——《我和我的老师》。从孩子们的字里行间中，我感受到的是浓浓的亲情。孩子们从不同的角度讲述他们眼中的老师：有的写老师的眼睛会说话，有的写老师的双手能创造奇迹，有的写老师的知识非常渊博，有的写老师的工作非常辛苦，更多的是写老师的奉献和伟大……

关元元同学在给老师的信中这样写道："老师的办法可多了。比如：为了培养我们对作文的兴趣，提高我们的写作水平，她亲手为我们制作了一本精美的作文集，把我们写得好的作文收入到里面，其中也有我的范文。我们轮流把作文集拿回家和家长一起看，还分别写了感想，看了别人的作文，我们受到了启发，同时也想自己能有更多的范文，写作文就更加认真了。在她的引领下，我和'作文'成了好朋友，我总是把自己的喜怒哀乐，自己的心里话倾吐在作文里。她还让我们写轮流日记，以前作文差的同学为了不给小组抹黑也赶上来了。在不知不觉中，我们对作文有了兴趣，也不再觉得作文难了。"

曲晴同学在给老师的信中写了这样一件小事："我吃饭吃得慢，老师每次都把我叫到身旁，看着我吃饭。她像妈妈一样关心我，怕我吃不好饭饿瘦了，还怕我不长个儿。老师我让您操心了……"

我们每一位老师，从你走上讲台开始，无论你是正值青春，还是年近半百，在孩子眼中都是一样的，是他们的妈妈！我们每一天都在用自己的母爱关爱着他们，但我们从没想到要得到孩子的回报！当你看到那一件件小事被孩子深深地记在心底，用他们稚嫩却充满情感地话语表达出来时，你所受到的震撼将是巨大的！

站在孩子中间的我，一阵阵地惊喜，一阵阵地感动，这就是学生对生活的理解，对世界的认识，像清晨荷叶上的露珠那样新鲜，化作诗，变成歌，用纯朴、自然、优美地语言表达出自己独特的个性和不凡的见识。当孩子们有了感恩的心，他还会不解父母的忙碌吗？有了感恩的心，他还会无视亲人的操劳吗？有了感恩的心，他还会抱怨老师管教的严厉吗？有了感恩的心，他离快乐还会远吗？……

正如小草渴望阳光，每一个人都渴望快乐。快乐来源于什么？我想，快乐，来源于你的发现、你的付出，更来源于你感恩的心灵……

李文丽

哈尔滨市抚顺小学校

"激趣善导、厚生乐趣"的教育风格

她坚信：每个孩子都是一颗星，能够发出自己最独特的光。

用心陪伴，静待花开

作为一年级的新班主任，在开学初期，我开始思考如何与家长进一步建立稳固的相互信任的良好关系。在刚开学的日子里，我发现这些孩子刚步入小学阶段的家长们都倍感艰难，既要负责日常起居，又要陪孩子适应新的学习阶段，我想家长一定会产生渴望被理解的情感需求。

除了日常报备孩子在校的情况，为了更多地拉近我与家长距离，我会经常根据情况在班级群里温馨提醒家长注意事项。关注孩子们每日的生活情况，看到有需要生活或学习上帮助的，我会给家长打电话进行侧面询问沟通。这样一段时间下来，我们不再像之前那样生疏，我们的通话也不再是"老师您好，麻烦您干什么"，而是"亲爱的老师打扰你一下"。我们能像朋友一样交流，这样慢慢地我和家长彼此之间的关系越处越近。

　　直到前一段时间班级评选星级少年，我真正收获了成功的喜悦。事情是这样的，我们班有一个我格外关注的家长，她是年龄比较大才有了小孩，所以她对自己的孩子格外在意。刚开学不久发生过几件事情，每一次和她沟通的时候，她仿佛都穿着厚厚的盔甲在防御，说的第一句话永远都是问题在别人，而她的孩子就像天使一样完美可爱。在几次沟通后，她给我的感觉是很固执，说实话我对她也是比较小心的。就前一段时间我们评选班级星级少年的活动她的孩子也参加了，但是落选了。出于以往对她的了解，我以为她会非常生气，因为她认为她家的孩子是举世无双的，是最好的，没被选上都是因为别人的种种原因，所以这件事后我赶紧给她打电话，别让她产生更大的矛盾，事先进行一下沟通。电话接通了，我说明了我的来意，她很客气地说："没关系，孩子在参与的过程中就是一种锻炼，结果不重要。孩子也说了，老师说我们每个人都是一颗星，都在闪烁着自己的光芒。这次没被评选上，只要继续努力就会发光。"这让我很惊奇，我又跟她做了一番心理疏导，然后她笑了，她说："老师，我一直想跟您说谢谢这段时间对孩子的关心，你看你这么关心我的孩子从来也不告诉我们。我们平时白天工作忙，最近孩子奶奶才和我们说，孩子经常把自己关在小屋里不知道在和谁打电话，后来才知道是和李老师在聊天，老师在指导她学习。我们现在也知道了，您是真的是从孩子的角度去为孩子考虑，真心地对我的孩子好，孩子放在您手里我们是放心的。我们不会再像之前那样对您不信任，我为我之前的一些想法和语言向您道歉。"

　　听到这些我真的有一些感动了，我觉得功夫不负有心人，真的让她理解了老师会因材施教，对待每一个孩子都是用最适合的教育方式去教育，像疼爱自己的孩子一样去呵护。就这样，我又跟她沟通了一些孩子在小学阶段学习要注意的要培养的地方，最后很愉快地挂了电话。挂了电话后，我的心情久久不能平静，得到家长这样的肯定我很开心，然后我也反思了自己，由于年龄和未婚没有孩子的原因，导致可能没办法去体会到妈妈对自己孩子的这种疼爱。做为一名新班主任，在学年组长及老教师的帮助下，在学年主任的教导下，在学校领导的关怀下我渐渐进入佳境。著名教育学家陶行知先生曾说："真教育是心心相印的活动，唯独从心里发出来，才能打到心灵的深处。"用心陪伴，静待花开。今后在德育的道路上我也会积极努力地向老教师学习，进一步提升自己。

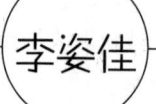

> 李姿佳
>
> 哈尔滨市抚顺小学校
>
> 秉承"爱是教育灵魂"的教学风格
>
> 教育理念：爱生如己，教生如子，待生如友。

教师的语言艺术

作为一个班主任，要想建立一个优秀的班集体，首先要做的就是了解学生，而了解学生的最佳途径就是与学生沟通。教师良好的引导和呵护能够使他们的心灵茁壮成长。所谓"良言一句三冬暖"，当孩子们犯错或需要帮助的时候，如果我们能用一句温暖而又尊重他们的话来宽慰他们，他们将受益匪浅。

为人师表者，当以身立教。我们并不是一定要做学生的引导者，而是应使教师自身的思想品德、文化修养、知识水平、人生态度及处事方法通过语言去潜移默化地影响学生，并且塑造他们的心灵。

1. 激励

激励的方式是多种多样的，而其中语言的激励则较为普遍。教师充满激励的语言，能让学生不断地获得走向成功的动力。如在课堂上，对回答问题不完整的学生可以说："谢谢你能够认真地去思考问题！"对回答声音小的学生说："这次的你真棒，声音比上次大了许多。"这样一句句真挚的话语让每个学生都会有学习的信心，也激励着每位学生健康活泼地走向成功。

2. 机智

教育的技巧在于随机应变。这也就是我们常要求的教师应具有教育机智。需要以智取胜。我们知道，在平常的课堂上难免会有学生的回答与老师背道而驰，这时有的老师则以"不太好，请坐！""不准确，谁再来！"等语言来否定学生的回答。这样往往会使学生丧失发言的勇气，从而渐渐丧失学习兴趣。而如果运用自己巧妙、机智的语言来纠正、鼓励学生，相信学生在课堂的积极性将会更加高涨。

3. 幽默

我们面对小学生时，语言幽默能给学生带来欢笑、带来理解、更能带来信心。课堂中，教师幽默的语言不仅可以使课堂气氛更加活跃，还可使学生充分地感受到老师的性格美。这样大大地激发了学生的学习兴趣，启迪了学生的智慧，真正地能让学生在玩中学，在学中乐。

4. 温情

爱是教育的灵魂。在与学生对话交流时，最重要的是要有真情，不管是对优秀生的赞美，还是对后进生的批评，都需要我们付出真情。俗话说得好："春风化雨暖人心。"教师的语言应该像春风化雨一样，温暖孩子们的心，使之感动，茁壮成长。

教师的语言是一种智慧,一种激励,更是一种文化。希望我们可以将这门艺术有效地运用在我们日常教育教学中,不断加强语言艺术的修养,从而提高教育教学质量。

董睿红

哈尔滨市抚顺小学校

"情思激荡，灵动自由"的教学风格

她坚信：真教育是心心相印的活动，没有爱就没有教育。

让故事说话

  苏联教育家苏霍姆林斯基总是用一个个故事来对学生进行循循善诱的教育。班主任教育学生，采用讲故事的方式有时更能感动学生，似春风化雨、润物无声，教育的效果必事半功倍。故事能够以一些新的角度阐明我们要表达的观念，使抽象的道理变成生动鲜活的故事，易于学生们接受。

  一次全球的新冠肺炎疫情，改变了我们每个人。上课的方式也由线下改成了线上，因此学生们接触电脑手机的机会也多了起来。家长疏于管理，使有的学生因为痴迷电脑、电视、小说而放松了学业，忘记了最初追求的目标。针对这种情况，我就给同学们讲了《土拨鼠哪去了》的故事：

有三只猎狗追一只土拨鼠，土拨鼠钻进了一个树洞。这个树洞只有一个出口，可不一会儿，从树洞里钻出了一只白色的兔子，兔子飞快地向前奔跑，三只猎狗围追堵截，兔子急了，"噌"的一下爬上了一棵大树，兔子在树上，仓惶中没有站稳，一下子掉了下来，砸晕了正仰头看的三只猎狗，兔子乘机逃跑了。

故事讲完后，我就趁机问学生："这个故事有问题吗？"班级里的机灵鬼小鲁说："兔子不会爬树，一只兔子不可能同时砸晕三只猎狗。"……

直到学生找不出问题了，我又问："可是，还有一个问题，你们都没有提到啊，土拨鼠哪去了？"借此话题教育学生：土拨鼠明明是猎狗追求的目标，可是它们却因为兔子出现，而改变了目标，我们的思维也在不知不觉中打了差，土拨鼠竟然在我们的头脑中消失了。同学们都陷入了沉思。通过这个故事警示学生：人生的路很长很长，既有奇花异草的诱惑，又有重峦叠嶂的阻挡，一定要常常提醒自己——土拨鼠哪去了，不要忘记自己最初追求的人生目标，不要迷失了方向。

给学生讲故事有一定的目的性和针对性，故事内容和学生存在的不足有关，需要引导学生通过故事来对比自己，进行自我反省。讲故事时学生一般会边听边反省自己，无暇与老师产生心理对抗和逆反心理。

新学期开学，班级出现了一种不良现象。对于值日劳动，学生们总是不能负起责任，时而忘记，时而敷衍。对于这种现象，晨会、班会、批评、罚扫都不太管用。于是，我给学生讲了一个故事：

有两个资历相当的年轻人同时进了一家公司，几年后，一个平步青云，一个在原地踏步。原地踏步者很不服气，就去质问公司的领导："我们俩程度差不多，为什么他能平步青云，而我却原地踏步？"领导没有解释什么，只是说："你去市场看看有没有土豆卖。"一会这个人回来了，说市场上有个老人在卖土豆，领导问："多少钱一斤？"他又跑了一趟市场打听，回来说："五角钱一斤。"领导又问："有没有卖西红柿的？"他又跑了一趟市场后回答："有。"领导说："你坐这儿，看看别人怎么做。"之后，领导叫来平步青云者，给他安排了同样的任务。这个人回来后告诉领导："市场上有卖土豆的，五毛钱一斤，我还拿了几个样品，您看公司需要不需要，买土豆的老头就在楼下等着。"原地踏步者听后羞得无地自容。

讲完故事后，我问大家："孩子们你们有什么感想吗？你们愿意做他们中的哪一个？"大家都沉默了。我又说："打扫卫生看似一件小事，但以小见大，如果小事你都不能负起责任，还怎么去做好其他的事呢？希望大家能从这个故事中得到一些启发，积极主动地对待每件事，不仅仅是打扫卫生，学习也应该如此。"从那以后，学生们有了很大改变，尤其是在打扫卫生方面，比以前认真多了。

我抓住每一个教育契机，在恰当的时候给学生讲恰当的故事。当学生中出现攀比享乐时，讲《弓的主人》的故事；当学生出现骄傲自大现象时，讲述《高傲的马》的故事；当学生处处依赖父母时，我讲了《鹌鹑和她的孩子们》的故事，学生们听后，认识到了自己的事情要靠自己做，路在自己脚下。

以讲故事的方式代替说教，孩子们更容易接受。这样做不仅丰富了学生的课外知识，还促使我不断学习，可以说是一举多得。

孙欣

哈尔滨市抚顺小学校

"因势利导、润物无声"的教学风格

她坚信：教育是心灵和心灵的撞击，生命和生命的对话。

用爱为迷途的孩子指路

背景介绍：这是我来到抚顺小学两年时，发生在一个"低保"孩子身上的故事。这个叫单睿的孩子，聪明、敏感，是一个很可爱的女孩。然而复杂的家庭环境，尤其是缺乏父母正确的引导，使她养成许多坏习惯。

我在担任二年三班班主任的时候，发生了很多故事，其中有一件事，让我感觉到身上的担子的沉重和对这些学生思想教育工作的困难。

那是2010年的6月末快期末考试的时候发生的事情。班级有订奶的同学，每到月末都会收到订奶的小赠品，而班主任老师也会得到一个同样的赠品。这个月的赠品是个小地球仪，放学的时候，我就放在了自己的办公桌上，等送完了学生快下班的时候，我发现这个小地球仪不见了。当时我并没有多想，想等到第二天问问最后扫除的学生。

第二天，我问了扫除的学生，有两个学生都说好像是单睿拿的。因为单睿在我桌子旁边晃悠了半天。可是，当我问到单睿是否看到小地球仪时，她却一口否认了。我虽然心存疑惑，但却没有多说什么。说来也巧，第二堂间操时，学生往外出，单睿后面的学生不小心把她的书包碰掉了，小地球仪就从她的书包中滚了出来。这时，我没有作声，让学生们都赶紧下楼，然后把单睿留到了屋里，问她这怎么回事。我满以为她就会马上认错，可谁知，她竟然说这个地球仪是她上看护班的好朋友，一个安广校的小女孩给她的。由于没有什么证据，我更不想冤枉了孩子，我就让她下楼做间操去了。

下午放学后，我给单睿的看护班老师打电话，讲述了事情的经过，请他帮助调查一下，结果那个安广校的小女孩根本就没给过单睿小地球仪。我不由地惊叹这个年仅8岁的小女孩有这样的心思。我决定亲自到她家一趟。（她这天只上了看护班一会儿，听到我给看护班老师打电话后，就急急忙忙回家了。）

我好不容易按照通信录上的地址找到了她在8楼的家。门开了，看着单睿妈妈一脸的茫然，我只是说，因为要期末考试了，顺路来做个家访，来看看她的复习情况。当房间里只有我和单睿两个人的时候，我才对她说："单睿，我已经问过那个小女孩了，她说根本没有给你地球仪。你能说说你的地球仪是哪里来的吗？"单睿先是一愣，紧接着说："老师，她撒谎，她是给了我后悔了，想要回去。"我真的没有想到她会这么说，就有些生气地说："那为什么那个小女孩书包里还会有一个地球仪？"她又是一愣，却还是说："这个是我捡的。"我也紧追不放："在什么地方捡的？你每天都是看护班老师接你回来，你要是捡到东西，老师一定会知道，而且和你一块回来的同学也会看到。你一直说这个地球仪是那个小女孩给的，现在又说是捡的，那么我们就到看护班去问问吧。"这时，令我措手不及的是单睿竟然哇哇大哭了起来，一边哭一边说："老师，我错了，请你原谅我。"

看到她承认了错误，这时我才把事情的经过和她的妈妈进行了说明。为了不伤害孩子，我从头到尾没有用一个"偷"字，也没有任何严厉或侮辱性的语言。但望着单睿她清贫的家，当时，我心里为这个孩子感觉到酸楚，就是一种不幸，然而更不幸的是这个孩子学会的是虚荣和谎言，而且多次发生了拿别人东西的事情，我不禁担心起她的未来。

临走，我对她的妈妈说："孩子还小，有些事情一定要严格要求，要让她明白对错，但不要打骂。"她妈妈点点头。接着我让单睿送送我，在下楼的时候，她依然哭得泣不成声，我希望她真的认识到了自己的错误，贫穷并不可怕，可怕的是因为贫穷而养成的妒忌、说谎甚至贪婪。

从那件事情以后，我更加注意单睿，经常给她鼓励，给她拥抱，只要她有一点进步，就在全班同学面前表扬她，并让她担任班级的卫生委员。通过一段时间的锻炼，单睿有了很明显的改善，学习进步了，和同学之间的关系也融洽了，而且对班集体越来越关心了。经常在课间、放学后利用自己的休息时间给班级扫除；帮一些调皮的男生收拾书桌；班级的垃圾袋满了，她总是默默地去换；班里的什么地方需要收拾了，也不用我说，就能整理好。一个刚刚上小学三年级的孩子，表现出来的超强的生活能力，让我十分惊讶。通过和她交流，知道了原来是父母喜欢打麻将，家里的很多事情都是她去做的，这让我感到很心酸。经过几次家访，终于和她的父母沟通好，尽量少打麻将，多陪陪孩子，让她多感受到家庭的温暖。

在圣诞节前夕，她送我一张贺卡，上面写着："谢谢您，老师，我会更加努力的，祝您圣诞快乐，新年顺利！"我看完了，真的是百感交集，果然好孩子是夸出来的，我的努力没有白费，我相信只要用爱心坚持下去，不只是单睿这样的孩子，还有许多的问题孩子都能重新获得新生，让我们刮目相看。

　　那天回到家后，我沉思良久，深深地感觉到教育工作的繁重和困难。但是作为一名教育工作者，我不能忘记身上的责任，孩子毕竟还小，如果对孩子付出爱心，多多鼓励，悉心教育是可以转化的。她现在是缺少爱，没有受到足够多的正确教导，我们要用爱为迷途的孩子指路。

> **陶欣欣**
>
> 哈尔滨市抚顺小学校
>
> "以情激情、互动生成"的教学风格
>
> 她坚信：每个学生都是一部丰富精彩的书籍，只有用心才能读懂。

用爱呵护孩子们的梦想

育人之道，爱心为先。我选择了教师这一职业，在平凡的工作岗位上做着平凡的事情，要把"一切为了孩子，为了孩子一切，为了一切孩子"当作我从教的最高准则，为了他们我甘愿奉献出自己无私的爱。

在我刚开始做老师的时候特别无措，一直找不到好的管理方法，在课堂上如果有学生不专心听讲，我会发火；如果有学生没完成作业我也会发怒，甚至我会在课堂上直接呵斥犯错的学生，因为我觉得这样可以威慑到全班学生，但是却忽略了孩子们的感受。虽然课堂上的纪律得到了改善，但学生们却不爱举手发言了，也总用畏惧的眼神看着我。看着安静的课堂，我思考了很多。回想自己的学生时期，让我印象深刻的是我的小学三年级时的班主任。她和蔼可亲，不会轻易批评学生，总是耐心地教导我们，当时我就想长大后要当一名像她一样的老师。可为何我现在却背道而驰呢？

作为一名小学老师，尤其是班主任，最关键就是有爱心和耐心，有了爱心，就有了耐心。尽管工作繁忙，尽管教育孩子十分操心，甚至有时会让你哭笑不得，有时也会气得发疯，但你务必忍耐、忍耐、再忍耐。仔细想一想，他们还是个不懂事的孩子，没有必要大动肝火。

在参加学校组织的一次德育座谈会时，听了各位经验丰富的班主任分享后，我感悟到在课堂中学生的思维是被我严厉的目光切断了，学生心中的热情被我冰冷的面孔熄灭了。我陷入了沉思，怎样让我的课堂活跃起来，让学生们能在愉悦的气氛中学习呢？美国教育心理学家曾总结：如果孩子生活在批评中，他便学会谴责。如果孩子生活在敌视中，他便学会好斗。如果孩子生活在恐惧中，他便会忧心忡忡。如果孩子生活在鼓励中，他便学会自信。如果孩子生活在受欢迎的环境中，他便学会钟爱别人。如果孩子生活在安全中，他便学会相信自己和周围的人们。如果孩子生活在友谊中，他便会觉得他生活在一个多么完美的世界。所以，我要创造良好的学习氛围和融洽的师生关系，让学生们更喜欢上我的课，盼望着上我的课。于是要先改掉自己爱发火的习惯，在平时的生活中，我也学会多表扬学生，让孩子们不经意间先喜欢上我。每一个人都希望自己能得到别人的肯定和表扬。当我们得到表扬后，良好的情绪会给我们带来更大的动力，也会让我们取得下一次的成功。同样孩子也更希望得到表扬，老师和家长的肯定与表扬，会使孩子们更加自信更加可爱。

我的班上有一名品学兼优的女学生。这名学生学习认真刻苦，而且字写得非常漂亮。可是有一次，她的作业字迹潦草，看到她的字，我非常生气。但我没有马上批评她，而是先平静了一会儿。然后我将她的作业拿给她看，说道："宝贝，在老师心里你一直是一个认真学习的好学生，你的作业每次都能认真完成，字迹漂亮。但老师看到你这次的作业，我难以相信，这真的是你写的吗？"这名学生涨红了脸，悄悄低下头，没有说一句话。我不忍心再责问她了，提醒她下次注意，就让她回座位了。但我没想到中午午休时，她又把作业重新写了一遍交给我，字字端正，笔笔认真，清秀隽永。这个孩子，真让我刮目相看，我的内心充满着欣喜和感动，我在她的作业本上写道："老师很欣赏你的作业，但更欣赏你改过的作风"。自此，这个孩子的作业每次都是认认真真地完成。

通过这次事情，我更体会到做一名教师要有爱心和耐心，有爱才有理解，有爱才有和谐，有爱才有期望！让爱永驻我们心中，呵护孩子们的梦想吧！

张璇

哈尔滨市抚顺小学校

"情知互动、寓教于乐"的教学风格

她坚信：每个孩子都是一棵小树，愿把师爱化作一缕阳光、一眼甘泉、一片沃土，让每棵小树都生机勃勃地成长。

没有爱就没有教育

泰戈尔在诗中写道："花的事业是甜蜜的，果的事业是珍贵的，让我干叶的事业吧，因为叶总是谦逊地低垂着她的绿荫。"带着对叶的事业的追求和向往，我选择了教师这一职业。我站在三尺讲台上已经二十个春秋，二十年来我始终怀着一腔热情，用自己的知识、智慧、人格引领我的学生们一同成长，并肩前行，学生因为有我的陪伴而快乐，我因为有学生的同行而幸福。在享受这些快乐与幸福的同时，我对教师这一职业有了更深刻的理解：爱是教育的魂，没有爱就没有教育。

一、爱就是适时奖励，巧妙批评

一年级新生刚入学的时候，我们班有一名叫王美婷的女孩，开学近两周的时间里，总是隔三岔五地迟到。经过跟家长的沟通我了解到孩子不想来上学，想在家里玩。因为她在上幼儿园期间就是经常在家里玩不去幼儿园，所以养成了不爱上学的懒散习惯。我发现王美婷这个孩子上课认真听讲，坐得非常端正。课间，我找机会与她谈心。我问："美婷，你为什么上学总是迟到呢？"她支支吾吾不肯回答。我笑着说："别害怕，老师只是想知道原因，我不会批评你的，我保证！"看着我肯定的神情，她才小声地说："我想在家里玩。"我说："在学校里多有意思呀，有这么多的小朋友每天一起学习，一起做游戏，多快乐呀！"她表示赞同地点了点头。我接着说："老师看到美婷每次上课坐得最直，听讲最认真了，如果你每天能够按时来上学就表现更好了。你能做到吗？"王美婷肯定地点了点头。我小声说："如果你每天能够按时来上学，不迟到，老师每个星期奖励你五朵小红花，这可是我们之间的秘密哦，你答应吗？"看着她笑着点头，我也笑了。从那以后，王美婷同学真的不再迟到啦！

二、爱就是制造惊喜，激发兴趣

我们知道，小学生的特征之一就是：他们喜欢得到长辈和老师的肯定和奖励。针对小学生这一特点，我在教学中对表现好、有进步的学生都给予一定的奖励——小红花。刚开始的时候，学生们的兴趣非常高，教学效果非常好。但是，过了一段时间，我渐渐地发现了问题。一天，在我的语文课上，表现好的同学可以得到一朵小红花。但是我发现学生们的积极性并不太高，我开始想办法。小学生生性好奇，对新鲜事物感兴趣。针对小学生这一心理特点，我自己动手变废为宝，巧制了奖品。我把用过的卫生纸杯、节日卡或彩纸等收集起来，进行加工。我把卫生纸杯、节日卡上的彩图、卡通、小动物等精心地裁剪下来，或在彩色卡片上画上小动物等，再在其反面盖上"奖"。这样，在别人看来不显眼的废品，经过加工就变成一件件赏心悦目的奖品。而且，我在奖励中坚持做到"新奇"，让学生充满好奇心。我制作了一些趣味性奖品，例如，在小卡片上写上讲个笑话，唱首歌，跳个舞等句子，还有漂亮的小石子、羽毛等。这样，学生就会被这些奖品所吸引，因为他们在乎的不单是奖品本身的价值，还常常是获得奖品时的那份新奇与惊喜。学生的奖品每次都有新面孔。这样，全班就可以始终保持高涨的情绪，提高上课效率。注意力不大集中、比较调皮的学生也会被精美奖品所吸引，从而提高学习的效果。奖品虽小，但它代表的荣誉是金钱买不到的。不用花一分钱，只要花一点心思就可以激发学生学习的兴趣，这何乐而不为呢？

三、爱就是真诚的鼓励，亲切的微笑

有一次上语文课时，平时很内向、上课从不举手回答问题的男孩王光昊，终于鼓足了勇气要求回答问题，在朗读课文时读错了几个字，他读得并不是很流利、很有感情，我没有给他纠正，还予以肯定，"你太棒了，光昊。勇于回答问题的同学就是最自信的孩子，老师最喜欢自信的孩子啦！"结果，后面的问题他一个都没落的全部举手要求回答。临下课时，我伸出大拇指表示你们是最棒的！并特别点出几名同学予以表扬，还有那个男孩子王光昊，我注意到他羞涩地低下了头。在以后无论是数学课还是语文课上，我发现王光昊变得积极起来，每次上课回答问题都能看到他的小手高高地举起。如果当时我不是为了鼓励他以后更多地回答问题，参与学习，而只是看到他当时的错误，让他不断地跟我纠正字音，我想下一次他如果再举手就会有很多顾虑，甚至不会再有下一次了。对于有畏惧心理和基础较差的学生，在他们回答问题时，在言语给予肯定的同时，辅以赞许的目光、欣喜的微笑都会使他们获得愉快的体验，信心倍增并获得成功。俗话说："好孩子是夸出来的。"

作为一名班主任，要用爱心来对待孩子；用诚心来打动孩子；用热心去帮助孩子；用微笑去面对孩子；用自己的人格去影响孩子。我想只要我们真诚地捧着一颗"爱心"，真心对待每一位学生，用心与每一位学生交谈，那么，我们一定能在平凡琐碎中体会到特有的快乐和幸福！

『贰。』

益智

益智教案

"汉诺塔"教学设计

【执教者】吴盛男

【器具介绍】

　　汉诺塔由八枚彩色戒指组成，按大小排列在三根柱子的支架上，以塔的形状命名。三根柱子由 A 柱"起始柱"、B 柱"过渡柱"、C 柱"目标柱"组成。A 柱上串有 8 个圆环，圆环的尺寸由上到下依次变大。是一种经典的解谜工具。

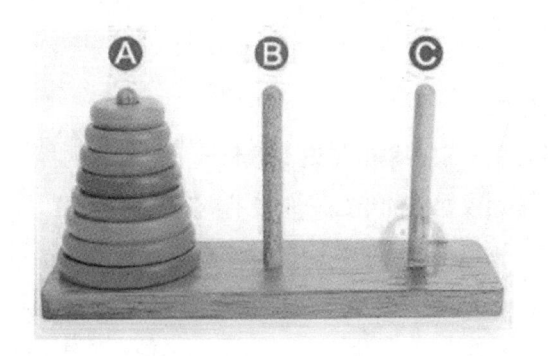

【教学目标】

1. 通过动手尝试，按照游戏规则将圆盘移动到其他柱子上。
2. 认识并熟悉汉诺塔的特点，了解器具的使用规则。
3. 学生在操作过程中，培养归纳、推理能力，寻找化繁为简的方法。

4. 在探寻移动汉诺塔的方法中，培养锲而不舍的精神，遇到困难不轻易放弃的勇气。

【教学重难点】

1. 认识并熟悉汉诺塔的特点，了解器具的使用规则。

2. 体验汉诺塔移动的策略和解决思路。

3. 通过不断尝试、探索，体验解决数学问题的策略。

【教学过程】

第一课时

课前活动：

完成下面的数学题，说说你怎么想的。

（　）里最大能填几。

（　）+5 < 86　　　　　65-（　）> 25

（　）× 5 < 625　　　　144 ÷（　）> 12

小结：同学们通过有序思考，能够很快地解决上面的数学问题，生活中就是学会应用有序思考来有效地解决实际问题。

主题活动：

一、情境创设

（课件播放关于汉诺塔的传说）想象一下汉诺塔的样子。通过仔细观察，请同学们描述汉诺塔的组成。<板书：汉诺塔>

设计意图：通过学生观察，认识并熟悉汉诺塔的特点，了解器具的使用规则。

二、初识汉诺塔，尝试操作

1. 请将 1 个圆环移到指定位置，至少需要几步？（图1）

2. 请将 2 个圆环移到指定位置，至少需要几步？（图2）

图 1　　　　　　　　图 2

3. 通过移动圆环中遇到的困难，为三根柱子取名字。

4. 同桌合作：实际动手尝试移动 3 个圆环。一人移动圆环，一人数需要的步数。

三、探究汉诺塔规律

1. 分别尝试用 1 个、2 个、3 个圆环移动，完成表格。

圆环个数	完成操作最少用几步	第一环移动位置
1	1 步	目标柱
2	3 步	辅助柱
3	7 步	目标柱

2. 观察表格，发现第一环移动位置。

3. 尝试挑战：尝试闭眼盲挪 3 环汉诺塔。

注意：学生刚刚发现规律，操作不熟练，不要急躁，可以慢一点，闭眼体会每一步应该移到哪一个柱上。

四、智慧提升

与你的小伙伴交流一下，在汉诺塔的游戏中，你有哪些收获呢？

第二课时

课前活动:

请同学们完成下面的数学题。

按规律填空:

4、7、10、13、（ ）、（ ）

2、4、8、16、（ ）、（ ）

21、19、17、15、（ ）、（ ）

主题活动:

一、情境创设

1. 回顾汉诺塔的游戏规则。

2. 进行小组内比赛，闭眼盲挪3个圆环。

二、问题探究

1. 猜一猜：4个圆环时，第一环移动位置是（   ）。

圆环个数	完成操作最少用几步	第一环移动位置
1	1步	目标柱
2	3步	辅助柱
3	7步	目标柱
4	15步	辅助柱
5		
6		
7		

2. 运用规律，猜一猜

大胆猜测一下，移动5个圆环时，第一环应去哪根柱呢？

猜测：5个圆环时，第一环移动位置是目标柱。

快动手试一试！

总结：看来要不以大压小，不走回头路，移动汉诺塔的关键就是第一步，想清楚第1环该移动到哪根柱？同学们如果不移动汉诺塔，请运用倒推法想象如果移动6个圆环，第1圆环移到哪根柱子上去？7个圆环呢？

3. 赛一赛：小组内组织一次移动4个、5个圆环的汉诺塔比赛。

三、拓展迁移

1. 翻转移动

如果把汉诺塔的规则改成以大压小，你还会玩儿吗？

2. 创造汉诺塔器具

如果没有汉诺塔，我们还可以能用纸片或其他东西代替，请你试着玩一玩这个游戏。

四、总结

同学们，我们发现了移动汉诺塔的规律，尝试改变游戏规则再次游戏。同学们你们真棒！汉诺塔还有很多种类型，通过今天的学习，希望你们还能继续挑战！

"认识数独"教学设计

【执教者】李丹

【数独介绍】

　　数独游戏是一款非常经典的纯逻辑思维游戏，它对培养孩子的逻辑推理能力有很大的好处，使孩子由对数字不敏感到产生浓厚的兴趣，并由此喜欢上推理，为将来学好数学打下坚实的基础。数独游戏分为四宫格、六宫格和九宫格三个大类，在数独表格里，每行、每列以及每个宫格内，都不允许有重复的数字。如四宫格数独每行、每列和每个宫格都由不重复的1、2、3、4组成。六宫格数独则是每行、每列和每个宫格都由不重复的1、2、3、4、5、6组成。九宫格数独则是每行、每列和每个宫格都由不重复的1、2、3、4、5、6、7、8、9组成。

【教学目标】

　　1. 认识和了解数独的基本情况。

　　2. 了解数独的游戏规则，会用规则来进行推理。

　　3. 培养学生逻辑思维能力和具备全局观念。

【教学重难点】

　　1. 四宫、六宫、九宫格数独游戏规则的综合运用。

　　2. 利用各种游戏规则来进行全面推理。

【教学准备】

课件、学生每人一张有关数独练习题。

【教学过程】

一、谈话导入

师：Hello, everybody! Now let's sing a song about the numbers *Ten little Indian boys*. In today's class, we are going to learn something about the numbers, do you know the Sudoku?

同学们，大家好！现在我们先来唱一首关于数字的歌曲《十个印第安男孩》。在今天的课堂上，我们将要学习与数字有关的问题，你们知道数独吗？

学生起来回答问题，老师给予肯定。

师：In today's class, let's learn something about the Sudoku.

这节课我们就来了解一下数独。师板书。

二、学习新知

（一）数独简介

师：First, what's the Sudoku?

首先我们来了解一下什么是数独。

1.Sudoku is a game of filling in numbers. 数独是一种填数字游戏。

2.Sudoku originated in Japan, it is popular in Britain, and now it is popular all over the world. 数独起源于日本，流行于英国，现风靡全世界。

3. 形式多样，四宫格，六宫格、九宫格是基本形式。

（二）九宫格数独的认识

师：下面我们就来认识一下九宫数独，认识九宫格数独的"行"、"列"和"宫"。同学们看一下有多少行？（9行）有几列？（9列）所以就有 9×9=81 个小格子。我们再来看一下它有几个宫？（9个宫）

When you play Sudoku, 你玩数独的时候,

you can only use the numbers 1～9. 只能用 1～9 这几个数字。

The big square or grid, is made of 9 other smaller squares, or subgrids.

大的正方形（盘面）由 9 个小一些的正方形（粗线宫）组成。

And those 9 subgrids have 9 smaller squares inside them.

这些粗线宫里有 9 个更小的正方形。

1 number goes in each of the smallest squares.

1 个数字放在一个最小的正方形里。

There is only one of each number in each column, row, and subgrid.

每个数字在每列、每行、每个粗线宫里只能出现一次。

So you can't have two 9s in the same subgrid, or three 1s in the same row.

所以同一个粗线宫里不能有两个 9，一行中不能有 3 个 1。

The rest fits together like a puzzle.

剩下的就像解谜题一样了。

三、了解九宫格数独的游戏规则

师：请同学们仔细观察一下九宫格里面的数字，你发现了什么？

学生回答问题，教师加以引导，引导学生说出每行、每列、每宫数字特点都是 1～9，且没有重复。

1. 了解、理解"游戏规则"。

  数独每行、每列及每宫填入数字 1～9 且不能重复。从而引出对四宫和六宫的理解。

2. 检查学生对规则理解的情况。

四、数独测试，由简到难，逐步加深难度

可以先由孩子们熟悉的图形、颜色、字母引入到对数字的理解，触

类旁通理解四宫、六宫和基础的九宫数独。This time ,please take out your paper,and let's finish our test about the Sudoku. 师：下面我们就根据游戏规则，请同学们拿出每人手中的数独学习卡，把这几道题做完。

　　教师进行巡视指导，待学生完成之后，对学生的题目进行展示。并让学生说一说是如何完成的。通过学习，我们知道了数独不局限于数字，还可以对我们学过的单词进行有效的复习，听起来有难度，玩起来很简单。数独变幻，其乐无穷。在思考中学习英语，探秘藏在九宫格后的奇妙世界，感受数独游戏带来的无穷乐趣！那么老师也想请你说一说你这节课学到了什么？

五、作业布置

　　完成数独测试，挑战英语极限。

"魔术针"教学设计

【执教者】徐慧宁

【器具介绍】

需将魔术针巧妙地套系在扣眼上,还可以进行还原拆解。

【教学目标】

1. 认识并了解魔术针,引导学生善用直觉,整体把握问题情境诸要素之间各种隐秘的关联和制约条件,探究能够成功操作的思维方法。

2. 在反复试错的过程中,引导学生学会有意识、有根据地发现并排除无效的破解思路或方式,逐步提高思维的自觉性和反思能力。

3. 提高学生左右手的协调操作能力、敏锐的观察力及规范的表达能力。

4. 在自主探究学习的过程中,体验益智器具带给自己的快乐与启发,提升自主解决问题的创新意识和实践能力等思维品质，养成良好的思维习惯。

【教学重难点】

1. 引导学生跳出思维惯性，变换思路解决问题，提高思维灵活性。

2. 启发学生寻找解决问题的突破口，有意识、有根据地发现并排除无效思路，提高思维的自觉性和反思能力。

【教学准备】

魔术针、课件

【教学过程】

课前活动：

完成一道数学题，说说你是怎么想的。

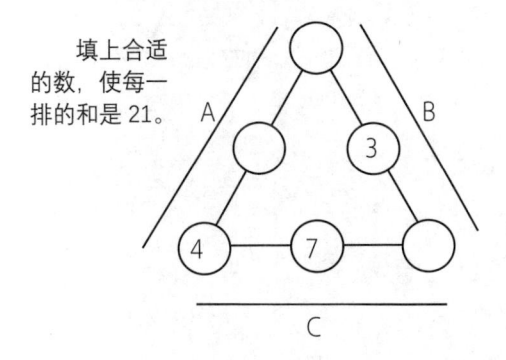

填上合适的数，使每一排的和是21。

小结：同学们很会观察思考，排除了缺少条件的A、B组，从有更多已知数学信息的C组入手，最终解答正确，生活中我们也可以运用这样的数学思维来解决遇到的一些问题。

主体活动：

一、创设情境，激趣导入

1. 师：同学们，你们喜欢玩游戏吗？揭示游戏名称：穿针引线。

2. 师：你先来猜猜看，我们这个游戏会用到什么样的器具？又会怎么玩儿呢？

3. 师：你们的猜测有依据，思考有方法！能从游戏的名称入手，猜到游戏的用具和玩法，还真有点做侦探的潜力。让我们来看看游戏真正会用到的器具吧！这就是你们所提到的针，它可不一般，是一根会变魔术的针，能给它起个名字吗？好的，我们称它为魔术针。

＜板书　魔术针＞

二、观察器具，了解规则

1. 师：同学们，请你们观察一下老师手中的魔术针，它是由什么组成的呢？

2. 魔术针的下端是一根木针。

＜板书　用具　木针＞

上面的线也很特别，穿过针孔后用胶粘和在一起形成了一个线圈。

＜板书　线圈＞

要想完成游戏还要用到一件带有扣眼的衣服。

＜板书　扣眼＞

3. 师：了解了器具，还要明确游戏规则才能更好地进行游戏，谁愿意来为我们读读游戏规则？

＜课件　规则＞＜板书　规则＞

4. 规则中强调了什么？

＜板书　不破坏　挂扣眼＞

5. 第一轮游戏：你能像老师这样把魔术针吊在扣眼上吗？

三、观察器具，发现问题，寻找方法

1. 师：你们小眼睛发亮，看得可认真了，谁愿意当小老师上前面来给同学们边演示边讲解一下魔术针挂在扣眼上是怎么操作的？

（生演示讲解穿针）

2. 师：除了先把木针穿进扣眼，还有别的方法吗？

（生再演示讲解引线）

3. 师：看到你们的操作，我觉得这个游戏真是名副其实的：穿针引线。

＜课件　穿针　引线＞

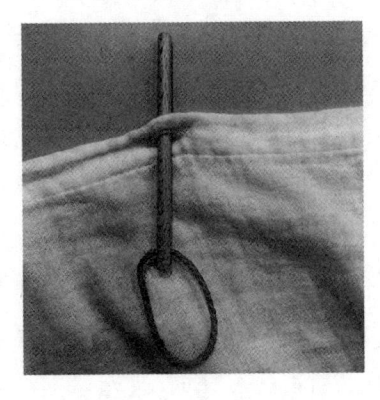

小结：有的同学先将木针穿进扣眼，再将木针穿到线圈中，有的则是先把线圈引入扣眼，再用线套套在针上。无论哪种方法，在双手配合下都获得了成功！老师为这些有想法的孩子点赞！

4. 师：这个游戏是不是非常简单，都学会了吗？我为你们每人都准备了一根魔术针，来试一试，比比看谁完成得最快吧！

（学生初次尝试操作）

5. 师：刚刚你们每个人都胸有成竹的，怎么一个也没成功呢？遇到了什么问题？

＜板书　问题＞

6. 师：有的同学发现问题说说这个线圈短，给你再试试这根魔术针？

（学生操作线圈同样长，木针短于线圈的魔术针，可以成功挂上）

7. 师：请你观察并比较一下这三根魔术针，说说究竟是谁比谁短，导致我们的操作不成功呢？

（三根针挂在黑板上进行观察比较）

8. 学生汇报。

＜板书　线圈　比针短＞

小结：魔术针是由一根木针和一个线圈组合而成的，线圈穿在木针上，主要问题是线圈的长度比木针短就套不进去了。

9. 师：虽然同为魔术针，可当线圈长度比木针短时，就没有那么容易挂在扣眼上了，但老师说了魔术针是会变魔术的，我依然能把这根存在问题的魔术针挂在衣服的扣眼上！想看看吗？见证奇迹的时候到了，请你帮我倒数5个数。

（师背对操作魔术针）

10. 师：神奇吗？可你们怎么就做不到呢？别着急，我先请你们来看一个小故事，看从中是否能受到些启发？请你们注意看，思考：小乌鸦尝试了哪些方法？

〈课件　动画视频：乌鸦喝水〉

11. 师：孩子们，小乌鸦尝试了哪些方法，最终是什么帮助它成功了呢？（学生汇报）

12. 师：是啊，水比较少，无法上升或者倒出来，聪明的小乌鸦借助石子帮助水面升高，就喝到水了。这只小乌鸦学习了你们刚才上课前解决那道题的方法呀，排除掉了无效的方法，换了一个思路去解决问题，就成功啦！

13. 师：回忆一下，你们刚才在操作魔术针的时候都进行了哪些尝试呢？

（学生梳理操作过程）

小结：木针不可能变短、线圈也无法变长，刚才我们穿针或引线的方法已经无效了，那我们可以排除掉这两个无效的方法。

〈板书　方法　排除〉

14. 师：根据用具猜想一下还可以借助什么来帮我们解决问题？

15. 师：孩子们，许多科学发明就是从大胆的猜测开始的，既然你们有想法，那就开始试试吧！（学生第二次操作）

16. 及时巡视，提醒依然在使用穿针、引线方法的孩子。

17. 请成功的孩子分享操作经验，点拨是利用了哪个用具成功的。

18. 学生第三次探究，提炼方法。

四、拓展延伸，总结提升

1. 师：我刚刚看到许多同学已经成功地把魔术针挂在了扣眼上，然后向我求救，让我帮忙解下来。其实你们也很想自己解下来，对吗？那老师帮帮你们，看看完成这道题后你们能否自己找到一些思路。

2. 师：谁来说说这道题你是怎么想的呢？

$$(\quad) \xrightarrow{\times 3} (\quad) \xrightarrow{-15} 15$$

这样的方法在数学中叫作倒推。

<板书　方法　倒推>

3. 师：今天我们认识了魔术针这款器具，生活中有时我们解决问题就需要及时排除无效或者错误的思路，换个角度去思考问题也许就能获得成功，就像古诗中所说的"山重水复疑无路，柳暗花明又一村"！

"五宫算术棋"教学设计

【执教者】何丹

【器具介绍】

五宫算术棋是一款巧算类益智器具，由棋盘和若干标有数和运算符号的棋子组成。

【教学目标】

1. 根据四则混合运算的相关定义和运算法则，让学生通过认真思考、推算、验证等活动，不断提高学生四则混合运算的基本技能和运算效率，使他们思维更加灵活。

2. 通过数字组合和推导，提高学生的逻辑推理能力，训练学生熟练掌握四则混合运算的法则。在速算、巧算中，提高学生的计算能力以及思维的敏捷性。在此基础上通过改变和创新游戏规则，进一步增强学生对数学运算的兴趣，培养他们的综合分析能力、推理能力以及逆向思维能力。

【教学重难点】

1. 通过数字组合和推导，提高学生的逻辑推理能力，训练学生熟练掌握四则混合运算的法则。

2. 在速算、巧算中，提高学生的计算能力以及思维的敏捷性，在此基础上通过改变和创新游戏规则，进一步增强学生对数学运算的兴趣，培养他们的综合分析能力、推理能力以及逆向思维能力。

【教学准备】

"五宫算术棋"益智器具、课件

【教学过程】

一、课前导入，了解器具

1. 师：同学们，你们喜欢玩棋类游戏吗？棋类游戏有很多：五子棋、跳棋、围棋等，它们能开发智力，启迪思维。

2. 师：今天，我给大家带来一款益智器具，它的名字叫五宫算术棋。你们听到这款器具的名字，想到什么？　　（五宫格、巧算类、算术……）

师：请大家把盖子打开，一起来了解一下这款器具。你们有什么发现吗？

（棋盘、棋盖、若干个数和运算符号组成了这个器具，我们可以把它们叫做棋子，横向和纵向都有五个圆孔——五宫，用手比画横向和纵向）

师：有几组这样的数和运算符号？

二、探究方法，挑战加法

1. 师：同学们，俗语说，没有规矩不成方圆，这款益智器具它究竟怎么玩？

师：我们先了解一下这款器具的游戏规则，一起来挑战？

（游戏规则：尝试填入1、2、3、4、5五个连续的数和运算符号"+"，分别列出横、纵两道算式，使其横向、纵向运算结果相等。）

活动要求：

A. 先把1、2、3、4、5五个连续的数挑出来，按顺序摆。

B. 在棋盘指定的位置放入运算符号"+"。

C. 尝试列出两道算式，使其横向、纵向运算结果相等。

设计意图：活动从加法入手，有助于学生尽快掌握训练的规则和要求。学生动手操作，初次探究器具。在这个过程中，他们会研究数和符号摆放的位置、如何计算、横向和纵向的关系等，这是学生第一次思考。

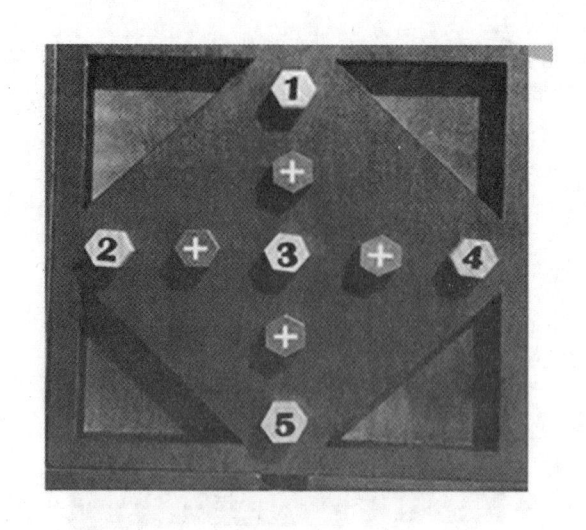

2. 师：你们的计算结果是什么？谁来说说过程？

反复尝试后，请一名学生示范，问他思考过程。教师帮忙梳理思路。

3. 在这个过程中你有什么发现？哪个位置最重要？为什么？

生：中间的位置（引出中心数）。

4. 师：你们的结果一样吗？有不同的分布结果是吗？

看看哪些数还可以放在中心点，剩余四个数，每小组研究一个数。

教师这时再次提示活动顺序。先……，再……

观察规律，学生汇报：中心数不变，其他的数可以对调或旋转，结果不改变。做题时，先要确定中心数，然后采用最大数和最小数互补的方法（首尾相加）。

设计意图： 分小组尝试节省时间。一边操作，一边思考，进行数据分析，这项活动的难度较低，学生容易采取凑数的方法寻求答案，因此当他们取得成功后，学生进行反思总结，从中发现先确定中心数，然后采用大小数互补的填数策略，在掌握了基本策略后，还应当鼓励学生尝试一题多解，并及时检验。

三、增加梯度，挑战"换数"

1.挑战更有难度的，如果固定符号的位置，把1、2、3、4、5换成3、4、5、6、7或其他五个连续的数（也可以是连续的单数或双数）再继续尝试，看看能发现什么规律？与1、2、3、4、5有什么关系？操作时可以几组进行比较。

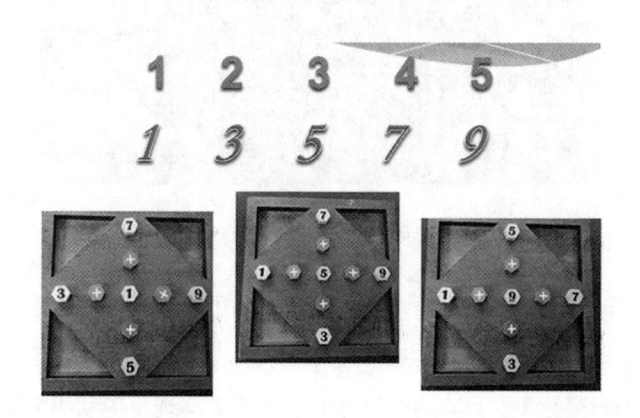

2.总结规律：在1-10这些数中任意五个连续的数（包括5个连续的单数或双数）与运算符号配合，均能实现纵向和横向运算结果相等的要求。"先确定中心数，然后采用大小数互补的方法"。

设计意图：通过梯度的练习活动，让学生在玩中体验和尝试，寻找"先确定中心数，然后采用大小数互补的方法"（首尾相加），这种策略适用于等差数列。通过尝试，学生能够更清晰地认识和理解数与数之间存在的等量关系，进一步发现等差数列的填写规律。同时对数量关系的理解会更深刻，思维也更有深度。

四、挑战混合运算

师：同学们，我们挑战了一种运算符号，咱们一起试试挑战两种或多种运算符号。

游戏规则：尝试填入1、2、3、4、5五个连续的数和运算符号"+"和"-"，分别列出横、纵两道算式，使其横向、纵向运算结果相等。

师：棋盘上除了 1 至 5 这几个数外，还可以填入哪些数？这些数必须是连续的吗？（尝试发现：在 1 至 10 这些数中）任意五个连续的数（包括连续的奇数或偶数）与运算符号配合，均能实现横向和纵向运算结果相等的要求。

设计意图：进行两个或多个运算符号的混合运算，不仅增加了思维训练的强度和运算难度，对培养学生思维的灵活性也十分有益。

师：总结：你们有成功的吗？失败不可怕，关键是及时总结反思。看来同学们都在认真思考，没有思考就体会不到成功的快乐。只有认真地思考才能收获快乐。

"心巧板"教学设计

【执教者】 李楠

【器具介绍】

　　心巧板这款益智器具是由十一块板组成的，每一块板的形状、大小各不相同，有一个三角形、一个正方形和九块大小不同的不规则图形，心巧板的形状似心形，因此而得名。

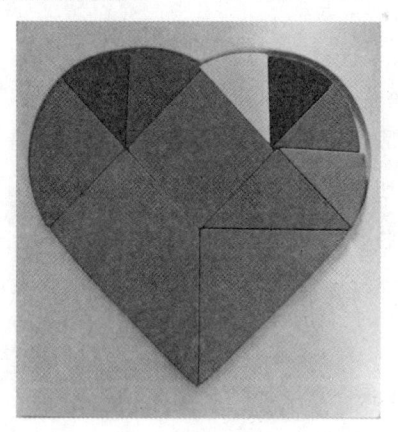

【教学目标】

　　1. 让学生利用心巧板中的十一块游戏板，设计拼摆出不同图案，学会玩"十一巧板"的游戏。

　　2. 在探索如何设计拼摆图案的过程中，培养学生的观察能力、动手操作能力。

3. 在创造发明图案的过程中，培养学生的空间想象能力和语言表达能力。

4. 通过探究"心巧板"游戏，培养学生的合作意识和创新实践能力。

【教学重难点】

1. 让学生利用心巧板中的十一块游戏板，设计拼摆出不同图案，培养学生的观察能力、动手操作能力。

2. 能够创造性地拼摆图案，并用自己的语言描述出拼摆的图形，培养学生的空间想象能力和语言表达能力。

【教学准备】

"心巧板"益智器具、课件。

【教学过程】

一、介绍心巧板，激发兴趣

1. 欣赏拼图，导入课题

导入：同学们，还记得我们的七巧板吗？用七块板可以拼摆出很多图案，让我们回顾和欣赏七巧板的创意图片（播放课件，图片和音乐）。看着这几幅图，你想到了哪一句古诗？

设计意图：学生欣赏回顾七巧板的拼图有助于学生回忆起七巧板的拼图技巧，同时，富有诗情画意的导入，能更好地激发学生的学习情趣。

同学们，老师给大家带来了一个新朋友，让我们一起认识一下吧！（课件出示 心巧板的盒子的图片）

预设生：心巧板。

师：那我们今天就一起来探究心巧板的游戏吧。

<板书 心巧板>

2. 心巧板的由来

师：同学们，你们知道心巧板的由来吗？

预设生：不知道。

预设生：可能和七巧板、百鸟蛋有关吧。

师：对了，它们都是拼摆类的玩具。

师：心巧板是在七巧板的基础上进行发展变化的，心巧板的板块有九块的，也有十一块的，今天就让我们探究十一块心巧板。

设计意图：根据学生已有的知识经验，从已经熟悉的拼摆类器具入手，能激发学生的学习兴趣，使其更好地走进课堂。

二、认识心巧板，初步感知

1. 认识心巧板

师：请同学们打开心巧板游戏盒，用你们的小眼睛仔细观察一下，也可以摸一摸，比一比，你们有什么发现？

设计意图：通过用眼睛观察，培养学生的观察能力，动手摸一摸、比一比，培养学生的触感，对心巧板的每一块板都有所了解。

预设生：心巧板的形状各不相同，有一个正方形，两个三角形，一个梯形，七个扇形。

预设生：心巧板的颜色各不相同。

师：你们真是善于观察的孩子，现在让我们仔细观察观察心巧板的每一块板。你又会有什么发现呢？

预设生：正方形、三角形、梯形、扇形。

预设生：这里有一个黄色的正方形，那个正正方方的，有四条边，四个角。

预设生：这里有两个三角形，一个大的，一个小的。

师：你愿意和大家说说三角形的边和角有什么特点吗？

预设生：三角形有三个角，三条边。

师：那请同学们仔细观察一下，我们的这两个三角形的三条边都是直直的吗？

预设生：大的蓝色的三角形的一条边不是直的。

师：那它是三角形吗？

预设生：不是。

师：但是它近似三角形，我们就叫它近似三角形。这节课我们就拿它当作三角形来使用。

师：其他的板块，你还有什么发现吗？

预设生：梯形，有一条边也不是直直的，它是不规则梯形。

师：你是一个善于发现的孩子。

预设生：我发现这些图形的形状都相似，它们是扇形。但是大小不同。

师：还知道它们是扇形，你的知识可真丰富，老师告诉大家，它们的形状也近似扇形。这节课我们也拿它当作扇形来使用。

设计意图：使学生在初步感知的前提下，对器具的每一个板块都有了了解，才能更快地还原心巧板。

2. 还原心巧板

师：同学们，通过刚才的观察，大家对心巧板的每一块板都有所了解了，那这个游戏，你们想怎么玩？

预设生：拼出自己喜欢的图案。

师：好，一会就满足你的想法。

预设生：我想把心巧板的板块还原到心形的盒子中。

师：好，那我们就按照他说的那样做，把心巧板的十一块板还原到心形的盒子中。找到你的心巧板盒子了吗？（拿起心巧板的凹槽盒子）

师：你们发现了什么？（这个盒子的形状像什么？）

预设生：这里有一个心形的凹槽。

师：对了，同学们，现在就让我们将心巧板的成员们全部摆放到心形的盒子中，没有剩余，快行动起来吧！

（生开始还原心巧板。）

师巡视。大约3分钟。

师：同学们，谁成功啦？

（生举手。）

师：没成功的同学，你们有什么困惑吗？

预设生：我的心巧板板块多了一块，还有的放不进去。

预设生：不知道怎么放。

师：你来说一说，你遇到了什么问题？

预设生：不知道先放哪一块？

师：好，那我们请成功的同学说一说他们的想法吧！

预设生：我先观察了一下，如果把心巧板的板块都还原，最先想到的是先放哪块板，再根据心形凹槽的形状，把板块放进去。

预设生：先放近似梯形和近似三角形，是心形的下边的尖。

预设生：这些近似扇形是心形的上半部分。这些近似扇形正好摆在上半部分。

师：同学们，通过大家的交流，我发现你们既关注到板块的形状和大小，也关注了心形盒子的轮廓，如果让你把心形分割一下，让我们更好地还原板块，你想怎么分？说明理由。

预设生：从中间分，心形是对称图形。

预设生：分成两个半圆，一个正方形。

（课件出示：心形的分割图，两个近似半圆，一个近似正方形。）

师：我们根据轮廓的特点，找到板块间的关系，现在请你再来还原板块。

<板书 善于观察：板块特点>

师：同学们，通过刚才几名同学的帮助，你们能尝试自己再来还原心巧板的板块了吗？

预设生：能。

（生尝试再次还原。时间大约3分钟。）

师：同学们，谁成功啦？

（生举手。）

师：谁愿意分享你的快乐，说一说这一次你是怎么成功的。

预设生：我像刚才那个同学说的那样，先把大的图形摆放进去，再把近似扇形摆放进去，最后调整小三角形和正方形。

（课件出示）

师：让我们欣赏一下大家还原的几种情况吧！

师：你们真是善于学习的孩子啊。看来在同学们的帮助下，你们成功了，大家不仅收获成功的喜悦，还收获珍贵的友谊。

设计意图：在学生的交流中解答未完成的同学的困惑，由学生讲解，能更好地拉近生生间的距离，并且孩子的语言，他们更容易接受。

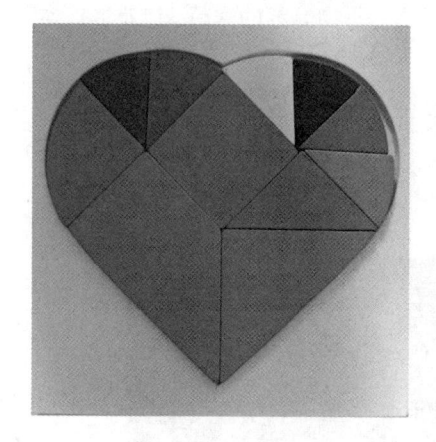

三、自由拼摆

师：同学们，你们帮助心巧板的成员找到了家，它们很开心，我们的心巧板有着神奇的魔力，心巧板游戏灵活多样，你能拼出对称图形吗？拼完的同学和你的同桌说一说。

（师巡视，学生拼摆。）

设计意图：自由拼摆是学生们比较容易完成的，这只是为了让孩子们更好地熟悉板块的特点，使孩子能更好地进行下一步的游戏。

四、根据情境图创意拼摆

设计意图：训练学生思维从形象思维到抽象思维的转化。

师：同学们，接下来我们的游戏难度可要增加了，你们有信心吗？（课件播放游戏说明。）

师：同学们，让我们以8人为一小组，根据给出的情境图进行拼摆，使拼摆出的图案与情境图相吻合，再用流畅的语言讲一个小故事，派一个代表说一说，其他成员可以补充。

（生开始拼摆。）

图片1背景是：春暖花开，鸟语花香，万物复苏的季节，到处生机勃勃，美好的画面。

图片2背景是：河水枯竭，土地干裂，树木干枯，到处凄凉萧瑟，令人悲伤的画面。

（时间大约5分钟。）

师：哪一组同学愿意到前面来讲一讲你们的故事？

（生分享故事。）

师：听了刚才两组同学的故事，你有什么感受？

预设生：我喜欢第一组同学的故事，因为很美好，环境也很好。

预设生：第二组的故事很悲惨，也很凄凉，我们应该保护环境。

师：是啊，地球是我们的家园，我们要从身边的小事做起，人人都要争当环保小卫士，为保护环境贡献自己的力量。

总结：同学们，合作让我们感受到了快乐。

评价：玩这个游戏使同学们学习到了"心巧板"的拼摆方法，只要你们善于动脑思考想要拼摆的图案的特点，想拼摆出各种各样的图形并不是难事！

＜板书　动脑思考：图案特点＞

设计意图：培养学生的合作意识，编成小故事让孩子们充分展开想象力，培养学生的语言表达能力。同时，自由拼摆是在熟知心巧板的每一板块的特点的前提下进行的，让学生体验拼摆的快乐。

五、总结评价，升华提高

提问：这节课你玩得开心吗？如果让你在我们的心巧板游戏前加一个词语，你想加什么？（有趣、趣味、开心、快乐、诗意……）说一说你有哪些收获。

老师希望你们能展开梦想的翅膀，用心观察，动脑思考，用你们灵巧的小手创造出更多更美的图形吧。

板书设计：

心巧板

　善于观察：板块特点

　动脑思考：图案特点

"魔方介绍"教学设计

【执教者】李伟

【器具介绍】

　　本次课程主要讲授的是我们最为常见的三阶魔方，由中心块、棱块、角块以及一些零部件组成，一个拥有不同颜色面的正方体。它是一个除了中心块以外每一块都可以变换角度的正方体。

【教学目标】

　　1. 认识三阶魔方，了解三阶魔方的各个组成部分。

　　2. 通过观察、探索、实际操作去掌握魔方每块的运动规律。

　　3. 培养学生课外学习的兴趣，将视频信息的获取和动手操作相结合。

　　4. 培养学生的观察、分析、动手操作和专注能力。

【教学重难点】

1. 掌握魔方配色的规律，以及基本操作手法。

2. 利用各个块的变换规律做出底层十字，调整角块的朝向，最后拼好第一层第一面。

【教学准备】

2个魔方、课件

【教学过程】

魔方简介：魔方又叫 Rubik's Cube，最早是由匈牙利布达佩斯建筑学院厄尔诺·鲁比克教授，于1974年发明的益智玩具。但不同地方对它的称呼也不一样，像每个地方有不同的方言一样，在台湾，人们叫它"魔术方块"，但在香港它也叫"扭计骰"。别看它小小一个正方体，它可是被国外智力专家称为智力游戏界的三大不可思议之一呢！听上去很是神秘。

我们今天就要来看看，这个大有来头的小正方体有什么样的神秘之处？（观看速拧比赛、单手还原、盲拧等视频，勾起学生们的好奇心。）

魔方结构：说到魔方，通常是指三阶魔方，它也是最常见的魔方，同学们可以拿起手中的魔方看一下，为什么被叫作"三阶"呢？

生：它有三层。

师：是的，而且我们知道正方体有6个面，仔细看，它的每个面是否都有3层呢？

生：是的，都是3层。

师：一眼看上去是一个正方体，且第一层由9个小正方体组成，共3层，这样算起来一共是？

生：27块。

师：是不是这样的呢？（教师演示，将棱块拆卸下来，此处教师可以将魔方分解，大家一起数块，看细致结构。）

生：中心块的位置缺少了一块，一共是26块。

师：是的，实际上它只有26块，因为中间部分是它的主体框架，是用来连接各部分、让各个"小正方块"灵活转起来的关键。而且每块都有它的特点（说出以下括号内的特点即可。）

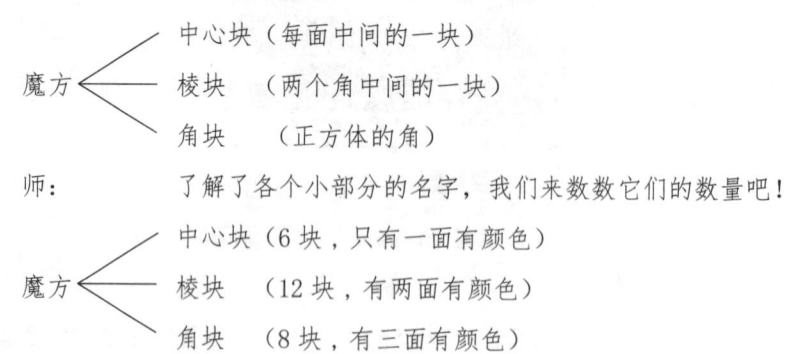

魔方 ⎯⎯⎯ 中心块（每面中间的一块）
　　　⎯⎯⎯ 棱块　（两个角中间的一块）
　　　⎯⎯⎯ 角块　（正方体的角）

师：了解了各个小部分的名字，我们来数数它们的数量吧！

魔方 ⎯⎯⎯ 中心块（6块，只有一面有颜色）
　　　⎯⎯⎯ 棱块　（12块，有两面有颜色）
　　　⎯⎯⎯ 角块　（8块，有三面有颜色）

师：有人计算过魔方总的变化数量为 43,252,003,274,489,856,000。这是个什么样的概念呢？如果一秒可以不重复转 3 下魔方，需要转 4 542 亿年，才可以转出魔方所有的变化，着实被惊呆了，但是我们很幸运，这节课我们能从这么多变化中找出几个来把魔方还原。

师：刚刚我们虽然将魔方拆解开，又还原组装了回去，但是真正的玩法可不是这样的，同学们好不好奇这是怎样一种方法呢？是将魔方打乱，并以最快的速度扭转还原。

师：魔方有三层，要拼好实在不容易，你有什么好的办法吗？

生：一层一层来，先拼第一层，然后再拼第二层、第三层。

师：好办法！

（学生们学会将问题化整为零，各个击破。）

师：要还原第一层，这第一层有角块、棱块、中心块，怎么弄才能更省时省力呢？

生：颜色越多的块越麻烦，比如角块，因为要考虑它三面的颜色，才能摆放对，所以先找中心块，然后是棱块，最后转角块.

（教师将找到的块画出来。）

师：我们要做出图上的十字。因为中心块颜色不变，所以要保证这个棱块有两个相邻中心块的颜色。以绿色为例子，如下图。

这里粉色圈出来的就是对的，像白色这样，虽然是绿色，但也不可以哦。那么在白色框里，像红绿棱块这样的位置改变，如何把它还原到自己的位置呢？

生：慢慢把它转走。

师：是的，但已经拼好的不可以动，所以我们先转动有红绿棱块这一层，这里有个简单的办法，直接转 180°，将红绿棱块转到绿色底的正对面。再转动最下面一层，让红绿角块找到红色中心块，再将这一面转动 180°，如下图，直到做出绿色面十字。

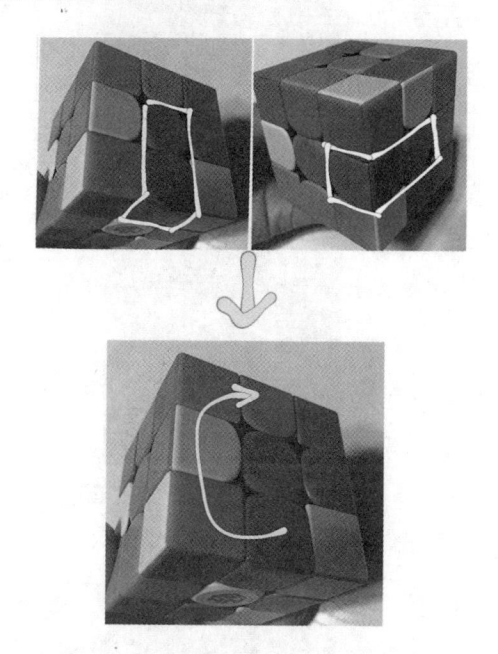

师：尝试用简单公式去支配各个部分的转动，最后还原角块，并调转角块的朝向，这时需要让角块颜色符合相邻三个中心块的颜色，如下图。

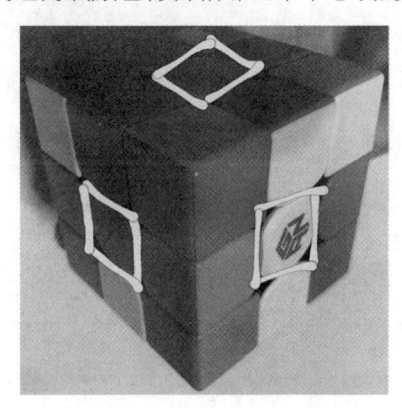

师：这时候我们需要拥有绿、白、红三种颜色的角块，找到相应的角块并放在绿色面正对面。如下图，转动右侧一层。

这里有一个公式（右上，上左，右下，上右）调整后将魔方一层（完整一面）还原。同学们可以试一下。

总结：发现、学习魔方的还原方式，培养学生的课外学习兴趣，学生们将所思、所想付诸实际行动，克服重重困难最终可以将魔方一层还原。在生活、学习中遇到困难也要学会将困难分解成"小块"，找到每个"小块"的弱点，各个击垮它！坚持并不断尝试，直面错误而不畏惧，让同学们成为更加自信的有"智"少年。

"火柴谜题"教学设计

【执教者】王珂

【器具介绍】火柴谜题是一款巧拼类的益智器具，能够培养学生深入、有序思考问题的能力；教学中学生能呈现思维过程的多样性特点，快速破解问题。

【教学目标】

  1.通过观察、思考、移动，发现了改变一根火柴的方法有三种——移动法、添加法、移除法，真正体现了学生思维的发散性和灵活性。

  2.能够培养学生深入、有序思考问题的能力；教学中学生能呈现思维过程的多样性特点，快速破解问题。

【教学重难点】

  能够培养学生深入、有序思考问题的能力；学生能呈现思维过程的多样性特点，快速破解问题。

【教学过程】

一、创设情境

师：同学们，你们喜欢谜语吗？老师给大家带来了一个小谜语，谁来读一读？（板书：头戴小红帽，身穿白龙袍，走过黑墙头，立刻火星冒。）你们猜出来了吗？

生：火柴。

师：对，它就是火柴。一根根小小的火柴不仅可以给我们的生活提供帮助，还可以成为我们的玩具呢！你们想玩玩吗？好，今天我们就一起来研究一下火柴谜题这款益智器具吧！

< 板书　火柴谜题 >

二、观察器具

师：火柴谜题这款益智器具是由什么组成的？（盒子、火柴棒）

三、介绍玩法

（一）数字

师：火柴谜题都有哪些玩法呢？你喜欢摆些什么？

生：我们可以用来摆数字。

生：我们可以用它来摆出美丽的图案。

师：你真是一个善于发现美好的孩子。

生：还可以摆算式。

生：还可以摆字母。

师：大家可以根据自己的想法动手摆一摆！（学生作品展示）请你说一说你用了几根火柴棒摆出了什么。

师：是啊！火柴谜题的玩法可真多呀！看，老师用了 20 根火柴棒摆出了 1,3,8,6 这几个数字。你们想不想去试着摆一摆呢？

生：想。

师：那就请你们选择你最喜欢的3个数字来摆一摆吧！注意：数字"1"需要两个火柴棒摆成。

（生动手。）

师：真棒！大家都以最快的速度摆出了自己喜欢的数字。那你能不能开动自己的小脑筋分别改变其中一根火柴棒的状态，使它们变成新的数字呢？自己试试吧！

师：让我们先来变变数字3吧，变成数字几啦？用的是什么变法呢？

生：我移动了一根火柴棒，把数字3变成了数字5。

师：这种方法真好！能给它也起个名字吗？

生：移动法。

师：还有其他的变法吗？

生：我移动了一根火柴棒，把数字3变成了数字2。

师：你也运用了移动的方法，真是善于运用的好孩子。变成数字5是把上面这根火柴棒从右往左移动；变成数字2是把下面这根火柴棒从右往左移动。

师：谁来说说你是怎么改变数字1的呢？

生：我（在1的上面）添加了一根火柴棒，使数字1变成了数字7。

师：你的表达真清楚，方法也很好。你能给它起个名字吗？

生：添加法。

师：再让我们来变一下数字8吧！谁愿意来说一说？

生：我移除了一根火柴棒，使数字8变成了数字0。

师："移除"这个词用得真好，那咱们就把这种方法叫作移除法吧！还有其他变法吗？

生：我移除了一根火柴棒，使数字8变成了数字6。

生：我也移除了一根火柴棒，使数字8变成了数字9。

师：你们真棒！最后让我们变数字6吧！

生：我移动了一根火柴棒，使数字6变成了数字9。

师：你运用了移动法从下往上移动了一根火柴棒，真不错。还有其他变法吗？

生：我添加了一根火柴棒，使数字6变成了数字8。

生：我移除了一根火柴棒，使数字6变成了数字5。

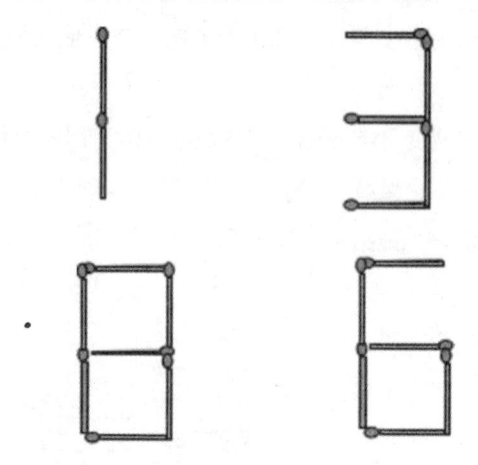

（二）算式

师：大家真了不起，运用了添加、移动、移除的方法变出了新的数字。现在让我们一起来摆摆算式。大家看这个等式成立吗？（不成立）好，那就让我们用这些方法改变一根火柴棒的状态使这个等式成立吧！

（课件2+5=8）

师：谁来说说，你准备怎么摆呢？

生：我添加了一根火柴棒，把算式中的5变成数字6，所以2+6=8使等式成立。

（课件2+6=8）

师：你能说说为什么要改变数字5吗？

生：因为我想用添加一根火柴棒的方法来使等式成立，所以我想算式中的2和8不能通过添加一根火柴棒变成另一个数，这时就要考虑数字5了，5可以通过添加一根火柴棒变成6或9，要使等式成立，就得把5变成6。

师：你的观察很仔细，也很善于动脑筋，我们研究问题时，就应该像这位同学一样按照一定的顺序有条理地进行分析，真了不起！同学们还有其他方法吗？

生：我运用了移动法把数字2变成了数字3。

（课件 3+5=8）

师：我们在完成这个任务时，要先对算式进行仔细的观察，再动脑筋思考，选择方法，最后通过巧妙的运用来完成任务。让我们用这样的方法再试一试吧！

（课件 12+5=3 动画答案：12-9=3）

师：同学们谁愿意说说你是怎么摆的？

生：我先观察这个算式，12+5=3 的和太小了，等式左边的12不能移动，所以12无法改变，那么可以变换运算符号，把加号变成减号，再把这根火柴棒移动到数字5处，使它变成9，所以12-9=3等式就成立了。

师：你能把数学知识运用到玩益智器具的过程中，可真是善于思考的孩子！看来，我们在完成任务时，不单要考虑算式中的数字，有时我们也可以改变算式中的运算符号。

师：同学们还想继续玩吗？

生：想。

师：请同学们看屏幕，仔细观察算式，你能用什么方法使等式成立呢？快来试试吧！

（课件 17-8=26 答案：17+9=26）

生：我移动一根火柴棒使数字8变成9，再把火柴棒移动到减号处使减号变成加号，所以17+9=26。

师：你的表述十分清楚，你真是个善于动脑的好孩子。

（课件 17+8=25）

生：我移动一根火柴棒使26变成25后，把那根火柴棒移动到减号处使减号变成加号，所以17+8=25等式成立。

师：老师发现同学们十分会学习，可以把别人的好方法应用到自己的学习过程中。

通过大家的动手操作，动脑思考，老师欣喜地发现你们都是有独特思想和个性的小小推理家啊！小推理家们愿意接受挑战吗？（愿意）好，让我们一起读读要求。

（课件 9-3=6　答案：3+3=6　8-3=5）

生：我用移动火柴棒的方法使数字9变成3，然后那根火柴棒移动到减号处使减号变成加号，所以3+3=6等式成立。

师：你真是个思考问题全面、思维缜密的孩子。其他同学还有不同的想法吗？

生：我用移动的方法把数字6变成了数字5，再把这根火柴棒移动到9处使它变成数字8，所以8-3=5等式成立。

师：你真是个善于动脑的好孩子。同学们真是好样的！你们不仅能够认真观察问题再思考问题，而且能选择方法并加以运用，最终解决了问题，老师真为你们感到高兴！

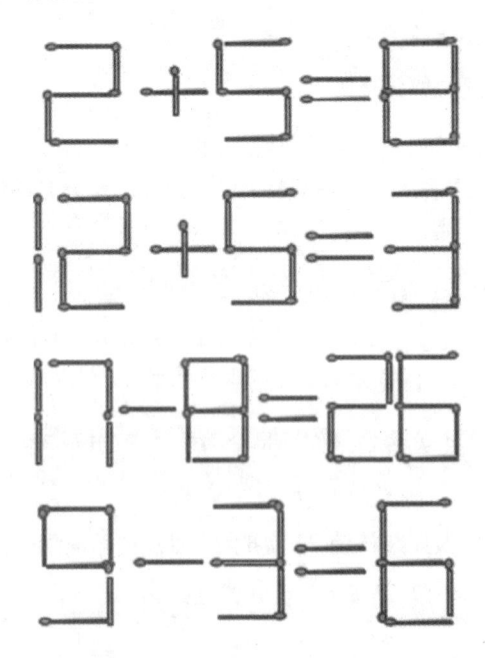

$$2+5=8$$

$$12+5=3$$

$$17-8=26$$

$$9-3=6$$

师：看，老师摆的是什么？捕捉蝴蝶用的网。你能移动3根火柴棒，把蝴蝶捕捉到网里吗？你还能把这只蝴蝶放出来吗？

师：有意思吗？我们中国的汉字也有这么有意思的情况呢！咱们再来看看吧！

（课件 火柴棒造"田"：下图是用12根火柴棒组成的"田"，你能用4根火柴棒摆出"田"字吗？）

师：快动手试试吧！谁能大胆地来说一说。多有创意的想法啊！恭喜你答对啦，大家为他鼓鼓掌吧！其实，有时候我们也要学会换个角度思考问题，也许会找到最佳的答案。

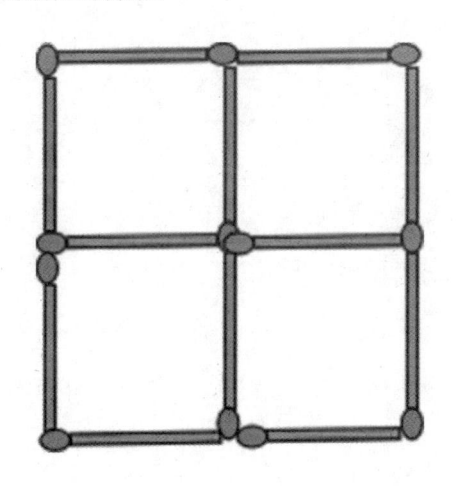

四、总结

师：同学们，你们觉得这节课有趣吗？在这节课上大家都有什么收获呢？看来，你们的收获真不少呀！

这小小的火柴棒可以摆出数字、算式，还可以摆出我们生活中其他事物，给我们带来了无限的乐趣。大家通过先观察、再思考、选方法、巧应用的环节去解决了隐藏在火柴中的谜题。你们真了不起！这节课中咱们的头脑得到了锻炼，老师相信在生活中，只要你们勤观察、勤思考，一定会为你们的学习奠定更坚实的基础，让你们攻克更多难题、收获更大的成功！

"独粒钻石棋"的教学设计

【执教者】 刘菁

【器具分析】

　　独粒钻石棋、华容道和魔方并称为经典智力游戏中的"三大不可思议"。称其不可思议，是因为它们在布局设计上的精致奇巧和对人类思维的巨大挑战。独粒钻石棋的"独粒"是指无对手地独自行棋，也是"独立"的谐音，意为行棋的终极目标是在棋盘中央只剩下一颗棋子。这有别于对弈式棋类，完全是一种自我挑战。

【教学目标】

1. 通过由简到繁的棋局，引导学生探索优化行棋步数的策略，发现"连跳"并学会运用"连跳"方法。

2. 在棋局的比较、分析的过程中，培养学生分析、概括、推理思维能力，提升深刻性、灵活性等思维品质。

【教学重难点】

教学重点：在尝试行棋时，体验"连跳"技巧，建立"舍小顾大"和"搭桥"的思路。

教学难点：行棋过程中选子、行棋策略的优化及全面思考的落实。

【教学准备】

1. 独粒钻石棋 3 套：供教学示范用。

2. 教学课件：辅助课堂教学。

3. 学生用棋 40 套：每人一套。

【教学过程】

一、新课导入

出示一首诗《独立的心》引入课堂教学。

1. 在上课之前，老师给大家带来了一首诗，我们一起来欣赏。

你能说说你是怎么理解独立这个词的吗？

学生交流：一个独立的人，有独立的思想、独立的人格，有独自生活的能力和独自思考的能力。

2. 今天的益智课堂老师给大家带来一种独立的棋，同学们猜猜独立的棋是什么意思呢，这个独立是怎么独立呢？

<板书 独粒钻石棋>

师：独粒钻石棋历史悠久,它的起源还有一个故事呢,让我们来听听吧！

（课件演示独粒钻石棋的历史由来。）

<板书 历史 18 世纪 法国 单人棋>

二、活动过程

1. 认识棋盘

师：听完这个故事，是不是迫切地想看一看独粒钻石棋呢？那么就请打开独粒钻石棋棋盘。

（出示棋盘。）

师：独粒钻石棋棋盘由 33 个空洞和 32 枚棋子构成，中间的空洞不放棋子。为了便于记录，我们对棋盘进行了编号。用数对表示棋子的位置，前面数字表示列，后面数字表示行。如：（3，5）读作三五。

2. 了解行棋规则

师：想玩吗？想知道怎么玩吗？现在我们再来看看行棋规则。

（课件出示行棋规则。）

（指定一名学生读一读行棋规则。）

A. 棋子可以横着跳，竖着跳，不能斜着跳。

B. 跳过一个棋子到空位，吃掉被跳过的棋子。

C. 不能走步，只能跳，可连跳。

D. 如上述方法一直玩，剩余棋子越少越好。

＜板书 行棋规则 横跳 竖跳 连跳＞

3. 学生练习自己下棋

（1）牛刀小试

师：同学们，老师看到你们都已经跃跃欲试了，那就打开棋盘，来一次独粒钻石棋之旅吧！让我们先来走 2 步，同桌之间，一人下棋，一人读行棋规则，然后再换过来。

（生尝试下棋。）

（请 2 名学生前面走 2 步。）

（2）了解连跳

师：同学们还想继续跳吗？连跳是怎么回事呢？

（课件出示连跳棋局。）

（课件出示 2 盘残局，让学生尝试走一走。）

预设生：我用连跳一步一口气吃了 3 个子。

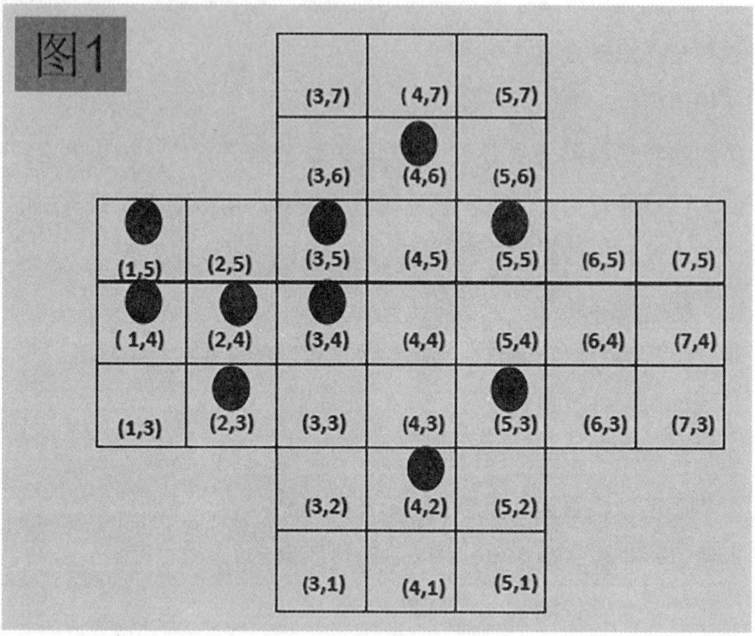

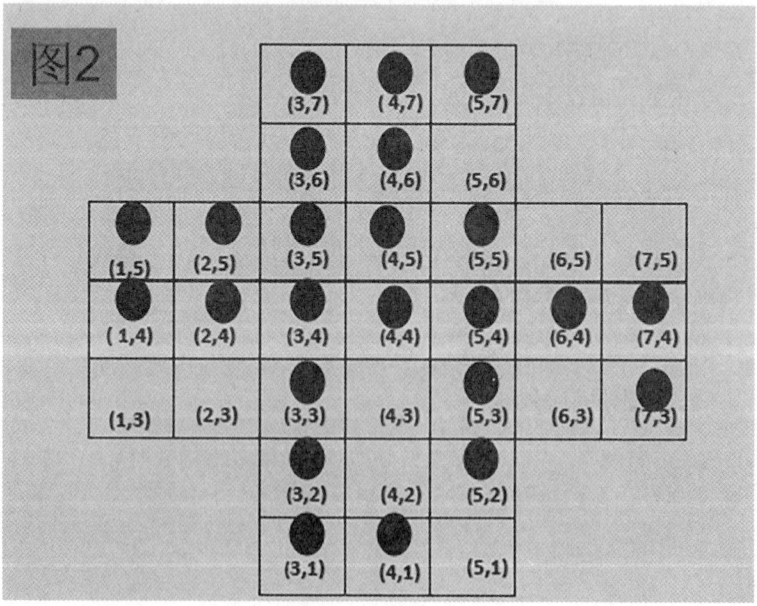

图1

		(3,7)	(4,7)	(5,7)		
		(3,6)	●(4,6)	(5,6)		
●(1,5)	(2,5)	●(3,5)	(4,5)	●(5,5)	(6,5)	(7,5)
●(1,4)	●(2,4)	(3,4)	(4,4)	(5,4)	(6,4)	(7,4)
(1,3)	●(2,3)	(3,3)	(4,3)	●(5,3)	(6,3)	(7,3)
		(3,2)	●(4,2)	(5,2)		
		(3,1)	(4,1)	(5,1)		

图2

		●(3,7)	●(4,7)	●(5,7)		
		●(3,6)	●(4,6)	(5,6)		
●(1,5)	●(2,5)	●(3,5)	●(4,5)	●(5,5)	●(6,5)	●(7,5)
●(1,4)	●(2,4)	●(3,4)	●(4,4)	●(5,4)	●(6,4)	●(7,4)
(1,3)	(2,3)	●(3,3)	(4,3)	●(5,3)	(6,3)	●(7,3)
		●(3,2)	(4,2)	●(5,2)		
		●(3,1)	●(4,1)	(5,1)		

（3）体会连跳的好处

师：连跳的好处就是一次可以吃很多个棋子，而且在计算所走的步数时，只算一步。我们的"天才"也是有级别的，如果最后大家都只剩下一子，那就要看谁的步数少，步数越少，级别就越高。

4. 学生动手操作，下完整盘棋，填写行棋记录

师：同学们不仅会横着跳，竖着跳，还会连跳，你们已经掌握了行棋的方法，接着刚才的棋局继续走，完成这盘棋，做好记录。

（出示行棋记录。）

学生自己下棋，边下棋，边记走的步数。（重点记录步数，不能忘记）教师统计下棋后剩余棋子的多少。

师：独粒钻石棋是一个人玩的游戏，它是一款挑战自我的棋类益智玩具，我们怎么样判断最后的胜利呢？

（1）了解等级

师：独粒钻石棋根据剩下棋子的多少，分为不同的等级。

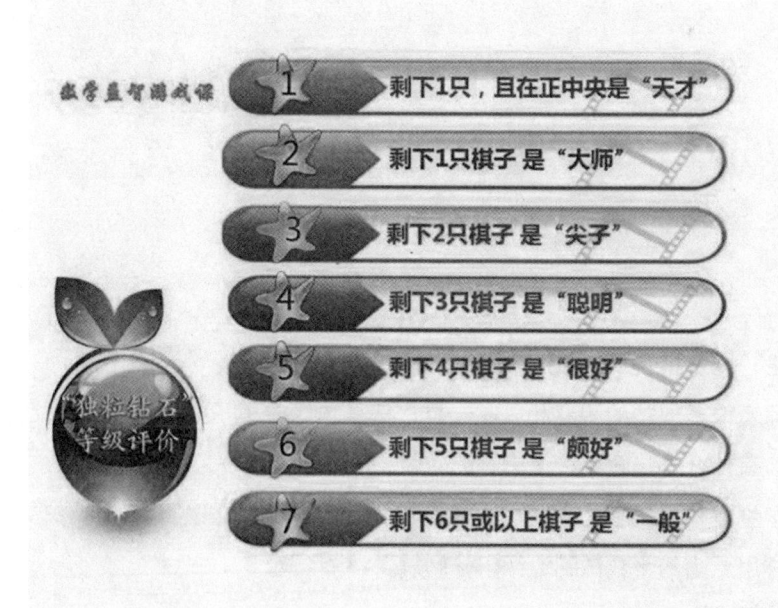

等级	评价
1	剩下1只，且在正中央是"天才"
2	剩下1只棋子 是"大师"
3	剩下2只棋子 是"尖子"
4	剩下3只棋子 是"聪明"
5	剩下4只棋子 是"很好"
6	剩下5只棋子 是"颇好"
7	剩下6只或以上棋子 是"一般"

小结：统计自己剩下多少棋子，对照剩下棋子数量，给自己一个等级。不管你在什么位置，都用掌声祝贺自己，因为我们已经走在"迎战天才"的路上，我们需要的是不断努力和思考。

（2）汇报

解决边缘棋子。

课件出示学生棋盘剩余棋子在边缘的残局。

师：对于我们这些初次尝试独粒钻石棋的同学来说这是一个挑战，同学们可以不断尝试，思维会越来越灵活。

出示残局　（展示棋子在边缘）

			(3, 7)	(4, 7)	(5, 7)		
			(3, 6)	(4, 6)	(5, 6)		
(1, 5)	(2, 5)	(3, 5)	(4, 5)	(5, 5)	(6, 5)	(7, 5)
(1, 4)	(2, 4)	(3, 4)	(4, 4)	(5, 4)	(6, 4)	(7, 4)
(1, 3)	(2, 3)	(3, 3)	(4, 3)	(5, 3)	(6, 3)	(7, 3)
			(3, 2)	(4, 2)	(5, 2)		
			(3, 1)	(4, 1)	(5, 1)		

生：剩余棋子集中在边缘地带。

师：很多同学的困惑和大家一样，都是边缘的棋子成为死棋的可能性最大。有什么办法解决边缘棋子的问题？

学生复棋，试着再下一盘，重点解决其中一个边，以一边为例，想一想怎样用更少的步数做到边缘棋子剩得少。

（预设）

生 1：可以绕圈走。

生 2：用连跳。

师：你们真善于动脑筋，你们想出这么多的办法，你们是怎么发现这些办法的？

生 1：我发现……

生 2：我发现……

师：你们不断开动脑筋，想出了这么多的好办法，假设连跳，建立 L 型，巧妙解决边缘棋子问题。

﹤板书 方法：架连跳，巧解边﹥

三、总结

师：你们又学会了一样新本领，老师有位好朋友行棋走到这一步的时候，不知道如何走了，听说我们班的孩子学习了独粒钻石棋，想请你们帮助他完成这一局，你们愿意帮忙吗？

学生看着课件，说出行棋步骤。

师：解决边缘棋子和这盘棋，你还有什么感受？

（预设）

生 1：不能一直走，还要兼顾全局。

生 2：还可以拐弯走。

生 3：我还发现不能只往前冲，不能为了一步棋，不管后面的棋。

生 4：不能为了多吃子，不管后面的棋了。

师总结：我们在下棋的时候，运用恰当的方法，巧妙解决边缘棋子，还不够，要想下一盘好棋，不能只顾着向前冲，还要考虑给自己的下一步棋搭桥，正所谓下一步棋，要想两步，甚至更多步。做到边下边观察，边观察边思考，前后兼顾，要有大局观念，不能贪图眼前的好处，要兼顾全局。

一颗棋子就是一个个火种，点燃思维的火花，相信我们会保持积极思考的状态，迎接未来的挑战。相信你们不论做什么事，都能够认真仔细地观察，运用适当的方法顾全大局，一定能取得事半功倍的效果。

【拓展延伸】

1. 你发现了独粒钻石棋的哪些知识可以应用到学科知识学习中？
2. 课外与同学们自由组队，举行一个小型的比赛活动。

"桃园三结义"教学设计

【执教者】赵琳凯

【器具介绍】

　　桃园三结义这款益智器具是由一个底座、三根木柱、三个木环、一根长绳、两个木球、三个铁环组成。长绳可以在木孔里穿插。

【教学目标】

　　1. 认识并熟悉解绳套的方法，了解器具的使用规则。

　　2. 通过动手尝试，发现解绳套的方法，引导学生打破思维定式，培养学生空间观察能力、逻辑分析能力和语言表达能力。

3. 在解绳套的过程中培养学生的耐心及遇到困难后不放弃、坚持到底的意志品质。

【教学重难点】

1. 发现解绳套的方法，勇于尝试，动手操作。

2. 在解的过程中，做到认真观察、有序思考，不盲目操作。

【教学准备】

器具、表格、多备一些益智器具

【教学过程】

课前活动：

学生有玩"兄弟连""单槽立柱"的经验，为本课的学习做铺垫。

一、趣味导入

同学们，《三国演义》的"桃园三结义"故事大家都听说过吧？刘备、关羽、张飞结为异姓兄弟，团结一心成就了后来的蜀国，也成了一段历史佳话。今天老师给大家带来一款与它同名的益智器具——"桃园三结义"，让我们来认识一下这位新朋友吧！这就是我们这节课要研究的益智器具。

＜板书：桃园三结义＞

二、了解器具各部分的组件、游戏规则

1. 课件出示

师：聪明的孩子拿到一套新的器具绝对不会盲目去玩，一定先观察。同学们可以用眼看，还可以用手摸一摸，仔细观察这款器具，说一说这款益智器具由哪些小部件组成？

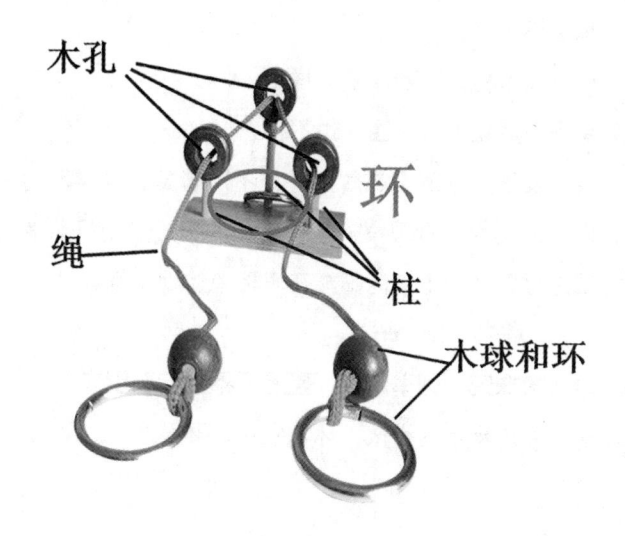

生：1个底座，3根立柱，3个木孔，1根绳子，3个铁环，2个木球

＜板书：柱　木孔　单独的环　绳　木球和环＞

师：这款器具结构有什么特点？

生：前面两个木柱左右对称，绳子及木球和铁环也是对称的。

2. 了解游戏规则

师：每一款器具都有它的游戏规则，请看屏幕（课件出示，指名读游戏规则。）

三、自由尝试器具，盲操作

师：中间的铁环仿佛就是刘备大哥，大哥被困，兄弟三人都很着急，到底怎么样能把大哥刘备解救出来呢？现在请你动手试一试。

师：你们在操作中有没有成功的，有人成功吗？请你先整理一下你的语言、思路，我们先来听听，没成功的同学遇到了哪些困难？

生：环套立柱上，立柱下面是死的，拿不下来，立柱上面有绳子，也拿不下来。

生：拉绳子，如果绳子能拉出来，也能将环拿下来。可是木球和铁环大，木孔小，也拿不下来。

生：绳子套木柱，回到原来的样子。

生：绳子在底座上绕一圈，也不行。

师：我们发现似乎怎么也解不开。不用着急，会学习的孩子遇到问题不慌乱，停下来再次认真观察，整理自己的思维是个好习惯，我们把解环失败的尝试过程整理一下，能不能在表格中体现出来。

四、第一次探究，列举条件，整理环不能自己出来

生汇报：通过刚才的尝试，环套立柱、环套木孔、环套环都不行。

＜板书＞

立柱　　木孔　　环

环　×　　×　　×

绳子

师：尽管我们失败了，老师也要表扬大家。你们在这么多的条件下能够有序思考，只要做到有顺序不遗漏，你们早晚能找到解环的方法。

师：既然环怎么也摘不下来，我们再反复做这个动作，就说明我们陷入了思维定式中了。我们要打破惯性思维，就要把注意力从单独的环上转移出来，那么你觉得解开器具，把环拿下来的关键不在环上，可能在谁的身上呢？

生：关键在绳子上。

生：如果把绳子从最高柱子上的木孔里面解下来，单环就可以从木柱上拿下来了。

师：宝贝，你真是一个会多角度思考问题的孩子。

五、第二次探究，操作绳子

1.师：你们把重心放在绳子上，观察绳子，你们有什么发现？

生：绳子从中间的木柱上面的木孔中穿过，套在木柱上了。

生：这是一根绳子，绳子的两头有木球和铁环。

生：解开绳套，绳子从木孔里拿出来，单环就能拿下来了。

师：对，所以关键是解绳套。

（课件出示：解绳套。）

师：我们再观察观察绳套的位置发生怎样的变化，我们才能把它拿下来呢？

（学生展开空间想象。）

生：绳套在上面就能摘下来。

（教师用器具演示绳套在上面的情况。）

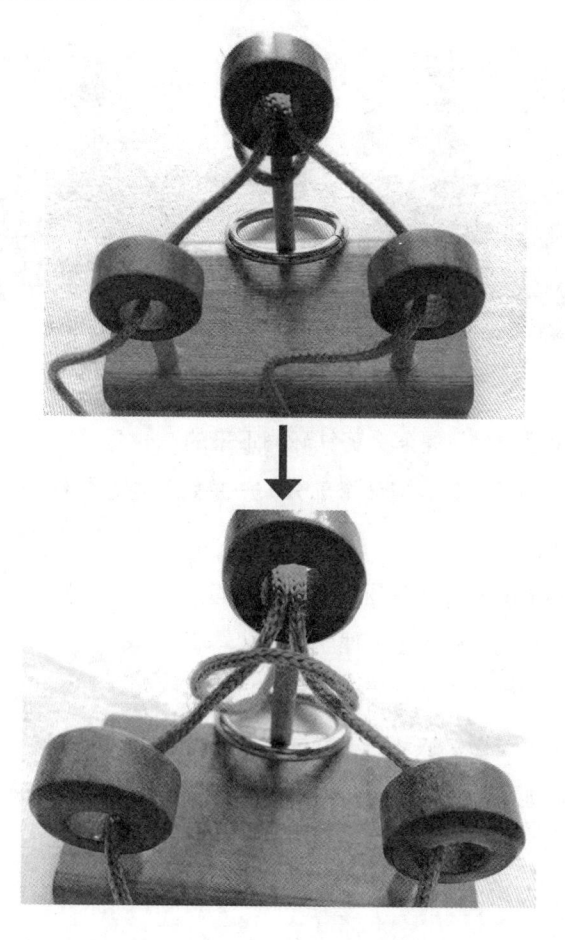

2. 第一次动手操作绳子，尝试解绳

（学生动手解绳。）

师：这次你们又遇到了怎样的困难，能在记录单上记录下来吗？

立柱　木孔　木球和铁环

环　　×　　　×　　　×

绳子　×　　？　　　×

师：多么会学习的孩子呀，就剩下木孔了（教师在黑板上空格里画上问号），能不能解开绳套就看这里了。大家回忆一下"单槽立柱"是怎么将铁环摘下来的。

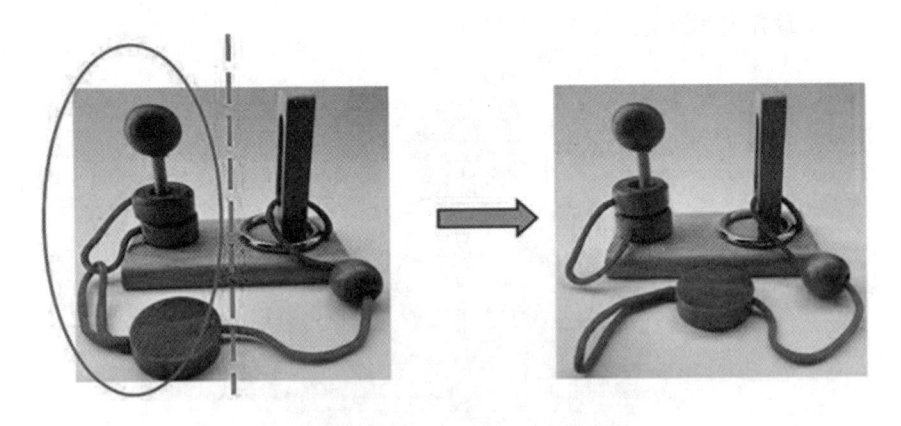

师："单槽立柱"是怎么将铁环摘下来的？

生：我们主要将其分成2个部分，一是解开左边的绳结，二是摘下右边的铁环。

师：谁再来说说怎样解开左边的绳结的？

生：绳钻木孔套柱子上的球。

师：那么右边铁环是怎样摘下来的呢？

生：木片穿过槽，铁环向上套过木球。

师：我们能不能把"单槽立柱"的解法迁移到这里来呢！大家再次尝试一下吧！

3. 学生第二次尝试绳子套木孔，钻木孔

师：有成功的吗，说说是怎么做的？给没解开的同学一点小建议。

生：绳子穿过木孔，套过木球和铁环，绳套就到上面来了。

师：那么另一边怎么办？

生：绳子的两头都从中间的木柱上面的孔里钻过来，绳子穿过木孔，套过木球和铁环，就发现左边绳子已经没有套了，同样的办法，在右边再来一次就能解决。

4. 学生在先解开的同学的提示下再次操作解绳

5.解释绳子不打结的办法

师：打结是怎么回事？

生：要拉直绳子，看带木球和环的绳子在上面还是在下面，在上面就从绳套里穿过去，如果在下面就用绳套套过木球和环就不会打结了。

师：是啊！在孔里有三根绳子，这是兄弟三人的三路大军，怎么样能让大军顺利通过？

生：有秩序，不能挤挤挨挨的。

六、总结方法

师：回想一下，在巧解的过程中，我们打破原有的惯性思维，但是我们怎么才能多角度思考问题，怎么样才能打破原有的思维定式呢？

师：我们要找出所有的条件，有序思考，顺序排除，再递推到其他方面。

<板书：列出条件，有序思考，顺序排除，巧用迁移>

七、拓展运用

师：其实，不仅在游戏时是这样的，这种方法对于我们的学习也是有帮助的，让我们来看一道数学问题。

出示数学题：

有三个口袋，有一个装着两个黑球，另一个装着两个白球，还有一个装着一黑一白，可是，口袋外面的标签都贴错了，标签上写的字与袋子里球的颜色不一致。你能只从一个口袋里摸出一个球，就能说出三只口袋装的什么颜色的球吗？

师：遇到问题找到突破口，有序思考。

两个黑球	两个白球	一黑一白
1	2	3

八、总结

师：今天，我们学会了解"桃园三结义"，只是学会了一个小技能，而在解环的过程中，我们能够展开思维,学会了思考问题的方法才是大智慧。希望同学们把这节课中学习到的打破惯性思维、有序思考问题的方法运用到我们的生活中，让我们的创新思维在生活中发挥作用，创造更加美好的未来。

板书

　　　桃园三结义

柱子	木孔	铁环和木球	列出条件
单环	×	×	×	有序思考
绳子	×	√	×	顺序排除
穿		巧用迁移	

"华容道"教学设计
——战略战术与逻辑推理的巧妙融合

【执教者】 纪红颖

【器具介绍】

"华容道"是滑块类游戏中的经典。据记载，迄今为止，"华容道"有很多种不同的布局，最经典的布局是"横刀立马"。

"华容道"游戏名称来源于我国古典四大名著之一的《三国演义》中的情节：曹操在赤壁大战中被刘备和孙权的"苦肉计""火烧连营"打败，被迫退逃到华容道，遭遇诸葛亮预设的伏兵，关羽为了报答曹操对他的恩情，帮助曹操逃出华容道。游戏就是据此设计而成。

"华容道"变化多端、百玩不厌的特点与"魔方""独粒钻石棋"一起被国外智力专家并称为智力游戏界的"三个不可思议"。它与七巧板，九连环等中国传统益智玩具并称为"中国的难题"。

【教学目标】

1. 让学生通过游戏盘上的两个空格，逐步移动各个板块，直至把"曹操"移动到下面的出口，从而学会玩"华容道"游戏。

2. 通过玩"华容道"游戏，训练学生的逻辑思维能力和推理能力。

【教学重难点】

教学重点：培养学生的观察能力、动手能力和规则意识。

教学难点：使学生在探索布局时，能大胆尝试，初步掌握能利用"小卒"来释放"曹操"的能力。

教学关键：体会"小卒"的灵活性给游戏带来的突破性进展，将学到的思维方法运用于生活实际中。

【教学准备】

学生准备：阅读名著《三国演义》、收集相关的资料、每个学生准备一套器具。

教师准备：收集相关资料、多媒体课件、"华容道"益智器具。

【教学过程】

一、介绍游戏，激发兴趣。

导入：同学们，有一种游戏，在国外，它和魔方、独粒钻石棋并列，被誉为"智力游戏界三大不可思议"，并被编入学校的教科书。在国内，它与七巧板，九连环等中国传统益智玩具并称为"中国的难题"。你们知道这是什么游戏吗？

＜板书　华容道＞

师：那么，关于"华容道"这款游戏，你对它有哪些了解？能不能把你知道的讲给大家听一听？

师：这两个同学介绍完了，你听了有什么感想？

小结：这款游戏集中体现了我国劳动人民的智慧，你们应该具有不怕困难、勇于探索的精神，你们有责任将我们民族的游戏发扬光大。

师：下面就让我们一起来玩一玩吧！

二、介绍玩法，自主探索

1. 介绍游戏玩法

师：请大家认真观察"华容道"游戏器具中的每一个板块的大小，看一看你有什么发现？

总结："曹操"板块最大，有4个小正方形"兵卒"这么大；"关羽"等五员大将的板块是"曹操"的一半。

师：希望大家将这些棋子之间大小关系牢记于心，这对于你顺利释放"曹操"很重要。那么华容道游戏到底是怎样玩的呢？有没有哪位同学会玩，来介绍一下它的玩法？

指名一位学生一边演示一边介绍。

2. 规则

师：游戏规则又是怎样的呢？能不能把你知道的讲给同学听一听？（屏幕出示游戏规则）

三、探究尝试，操作交流

1. 动手操作

在玩之前请同学们还原到"横刀立马"的开局。

说明：同学们在玩的时候，一定要边探究、边观察、边记录、边思考。

2. 交流反馈

师：同学们，你们遇到问题了吗？或者说一说你有什么感悟或想法。

预设：

生：我遇到的问题就是走着走着就走不动了，总被堵住，反复试了多次，还是不能把"曹操"移到下边来。

师：有同学遇到和他一样的问题吗？你们是怎么做的？

生：我是重新开始的，但是没过多久又被堵住了。

师：孩子们，老师真佩服你们这种不怕困难、敢于挑战的精神。但是我们得动脑筋、想办法来摆脱这种困境。我们再来观察这个布局，你认为游戏的关键在哪里？

生：我觉得游戏的关键在"关羽"，要想释放"曹操"，不能着急让"曹操"移动，必须要"关羽"先让道，"曹操"才能往下走。

师：对，从游戏全局来看，"关羽"起着至关重要的作用，要想释放"曹操"必先移动"关羽"，让他让出路来曹操才能过去。

师：既然移动"关羽"是关键，那么你认为"关羽"最后移动到什么地方才能达到释放"曹操"的目的？只是让"关羽"来让道吗？这样，请大家认真观察，若想放出"曹操"，其他人员将移动到什么位置？（可以和小组同学讨论一下）

生回答。

师：你觉得他说得怎样？和你想的一样吗？这位同学非常聪明，他对于整个战场以及人员布局有一个整体上的把握，这种对事件全局有一个大致规划和策略的思想叫战略。（板书：战略）

师：同学们，请大家带着这种战略思想再次走进战场，释放"曹操"去。

3. 深入交流

师：同学们，这时候你有什么发现？

预设：

生A：我发现在移动板块时，要想移动"关羽"，一定会有两个"小卒"跟着一块移动，否则将面临被困的危险。而且在移动"曹操"时，也必定有两个"小卒"跟着移动。

小结：这充分体现"小卒"移动的灵活性，从而避免"关羽"和"曹操"这两个关键人物被卡住，这也是本游戏的有关战术问题，你们能有这样的发现，真了不起！

生B：我发现了移动"关羽"时，不能盲目下移，如果直着下移，很快就无路可走了，要先向左或右移动。

师：你真是一个善于总结的同学，"关羽"的移动非常关键，盲目下移不可取，要考虑向各个方向移动，甚至有时候为了向前走还要后退几步，俗话说，撤退是为了更好地前进，这就是游戏中非常重要的一种"战术"。

<板书：战术>

师：经过多次挑战，却总被堵住路，可见玩好这个游戏真是一件不容易的事，当你尝试过很多次都不能成功时，你又是怎样想的呢？

生C：这个游戏很复杂，我们不能遇到困难就退缩，要想办法去突破。

小结：请大家根据我们刚才强调的规则和策略，应用同学们发现的战略战术，再试一试。

（四）交流反馈，总结收获

1. 交流反馈

师：请说说你是怎么玩这个游戏的？你有什么收获？

学生谈收获。

2. 总结收获

师：玩游戏的过程中你有什么创新？

预设：

生：我发现"关羽"是游戏的关键，"关羽"每前进一步，其他板块必须通过移动空出横向的长方形的空格位置，只有这样"关羽"才能移动。

师：说得没错，"关羽"要想移动，必

须想办法移动板块把"关羽"附近的空格转化成横向的,这就是我们数学上转化的思想方法。

＜板书:转化＞

五、评价激励,尝试创新

师:这节课你玩得开心吗?说一说你有哪些收获?

生A:开心,因为我在玩"华容道"游戏时,经历重重困难,终于把"曹操"移出来了。

生B:我在玩游戏时,知道要想释放"曹操",必须想办法移动"关羽"。

生C:我还知道了"华容道"有许多的布阵方法,"横刀立马"的开局只是其中的一种。

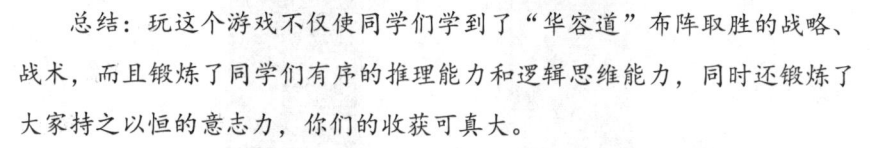

总结:玩这个游戏不仅使同学们学到了"华容道"布阵取胜的战略、战术,而且锻炼了同学们有序的推理能力和逻辑思维能力,同时还锻炼了大家持之以恒的意志力,你们的收获可真大。

＜板书:"华容道"　"横刀立马"布局　战略　战术　转化＞

"巧放木条"教学设计

【执教者】薛薇

【器具介绍】

巧放木条这款益智器具是由木盒、盒盖和八根两两相同的木条组成的。每个木条上大小相同的斜面，可用于拼接。

【教学目标】

1. 认识并熟悉木条的特点，了解器具的使用规则。

2. 通过动手尝试，发现平放、斜放、对接等不同的方法以及密铺的策略，引导学生打破思维定式，培养学生想象、推理、空间规划能力，能够找到或接近木条的正确位置。

3. 在探寻摆放木条的方法的过程中，培养锲而不舍的精神及遇到困难不轻易放弃的勇气。

【教学重难点】

1. 在木条拼摆的过程中，能够多角度拼接。

2. 打破思维定式，木条的拼接不仅仅局限于两两拼接。

【教学准备】

"巧放木条"益智器具、课件

【教学过程】

课前活动：

这里有一些玩具，想要把它们尽可能多地放入整理箱里，你想怎么放？

小结：同学们从生活经验入手，不但整理了玩具，还找到了摆放的顺序。

（由生活实际入手，通过生活经验的积累挖掘摆放物品的一般习惯，总结摆放规律：先放大后放小，为之后拼摆器具服务。）

主体活动：

一、趣味导入

我知道同学们都非常喜欢益智器具，今天老师又给大家带来了一个非常具有挑战性的益智器具，请你摸一摸、猜一猜它是什么样子的？

要是能看一看那就太好了。请打开袋子看看和你猜想的一样吗？描述一下，它们是什么样的。

说出一个长方体的盒子和有很多木条即可。

＜板书　组成——木条、木盒＞

（看着孩子们等待一会，如果没有人回答，追问：你们都看到了什么样的木条？）

学生汇报：

生：木头的。

师：你关注了材质。

生：长短不一样。

师：你关注了长度。

等待一会儿，没有人说，追问：长短都不一样吗？

生：两个长的，两个短的，两个更短的，两个最短的。

师：这个发现非常有价值，每个人都比一比，看和他的发现一样吗？

（生操作。）

生：每根木条都有一个斜面。

师：你关注了它们的共同特点。

＜板书　特点——长度、斜面＞

师：摸一摸，这些斜面会有什么用处呢？

（停顿5秒，等待学生思考。）

（生会拿着两个斜面对接。）

师：都有谁是这样接的？这真是一个有代表性的发现，斜面只能接斜面吗？

生：斜面还可以接盒子。

师：只能是木条与木条相接吗？

生：木条还可以和盒子相接。

（认识盒子，尝试多角度相接，横着、竖着、斜着。）

师：同学们的小手都不舍得离开器具了，想玩吗？

生：想。

师：让我们一起来看看游戏规则。

（师：指名读操作规则。）

师：清楚规则了吗？快点试试吧！

＜板书　放木条＞

二、拼摆过程

1. 第一次拼摆

建议：找两个摆法不同的学生，依次展示，并说想法。

（1）全竖　　　都有空

（2）有竖有横

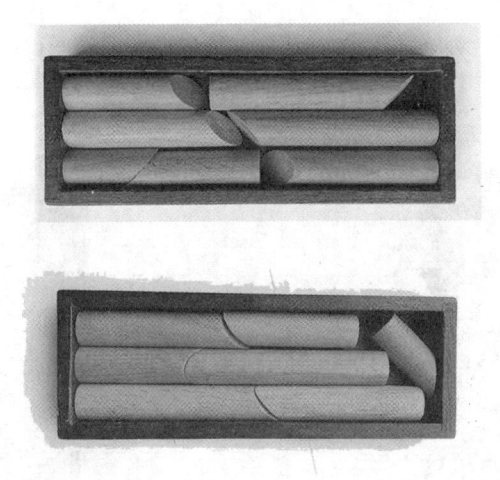

生：我是这样摆的，先放长木条，再放短木条……

师：刚刚这位同学在拼摆的过程中，先放……，再放……，为什么要这样放呢？

生：放大的，剩下短的好放，找空就能放进去。

师：这真是一个摆放的好方法。你掌握了拼摆的顺序。

（另一个学生汇报：结合实际情况。）

（学生展示完毕作品留下。）

师：看一下这两个作品，为什么还剩一根木条摆不进去呢？

生：空儿太小了……

师：剩余的空间都哪去了，快上来找一找。（一名同学上前找空，利用电子屏，学生到前面来自己圈出来空白在哪。）

<板书 空间——位置、规划>

师：剩余空间这么多，你们有什么好办法可以把这最后一根小木条摆进去呢？

生：将空儿都集中到一起，把空凑起来……

师：这样是不是就有可能将最后一根小木条摆进去呢？接下来我们就以集中剩余空间为目标，实践你的猜想，做一个集中空间的小能手吧！

2. 第二次拼摆

汇报一下，这一次你有什么收获？你集中的剩余空间都在哪里？

（拿两盒器具，剩余的都是最短的一根木条。）

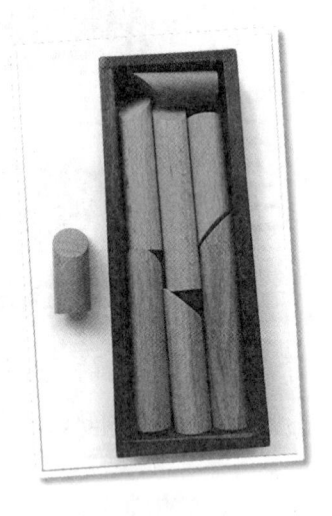

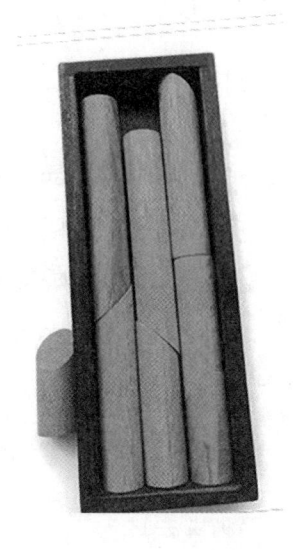

生：两两相接。

生：剩余空间都在上面。

生：都剩下了最短的一根木条没放进去。

师：看一下这两款器具，都有谁和他们一样，也做过这样的尝试？（生举手）最短的木条自己在外面太孤单了，请你把盒子中的和它一样的木条也请出来。

师：同学们，将剩余空间都集中到了盒子偏上的部分，你成功了吗？你呢？你们呢？都没有成功，这说明了什么？

预设：

生：剩余空间不能在上面。

师：那可以在哪里？

生：在下面。尝试旋转器具，发现剩余空间在下面和在上面是一样的。

师：那么还能在哪？

生：在中间。

师：怎么才能在中间呢？谁来试一试？

师：这是谁的器具？请你将剩余空间调整到盒子的中间。

师：（指着展台）将剩余空间放在中间，两根最短木条要怎么摆进去呢？

请拿出两根最短木条，看看它们可以怎么拼摆？

生：平面对平面。

师：我也按照你说的，平面对平面了，怎么咱们俩摆出来的不一样呢？

生：他的那个像个平行四边形，老师这个像个梯形。

师：你不但发现了不同，还能将立体图形抽象成平面图形，真了不起！还有什么不同的发现吗？

生：斜面对斜面。（两种拼法）

生：斜面对圆柱。

生：斜面对平面。

生：平面对平面。（两种拼法）

3. 第三次拼摆

师：有了这么多好的想法，我们只要将剩余的空间规划成适合的形状，所有的木条是不是就都放进去了？想再试试吗？

生：想！

师：在下一次拼摆之前，老师有两个要求：

（1）在你尝试的过程中不可以使用暴力，不能敲进去、弄折了放进去。

（2）如果你成功地将所有的木条摆进了盒子中，请你悄悄地盖上盒盖，举手示意老师。这是你和木条之间的秘密，不要让别人知道。

师：快动手摆一摆吧。

师：都有谁成功啦？（学生举手示意）

师：没有成功的同学，是什么困扰到你了？

（生汇报。）

师：谁想用一句话或者一个词来提示一下还没有成功的同学？

生：调整木条的位置，木条可以斜着放，中间有个平行四边形的空……

4. 尝试多种拼法

师：成功的同学请你不要停下探索的脚步，看看还有没有其他的方法；没成功的同学，赶紧试一试。

三、总结

  同学们，今天老师和大家一起拼摆了木条，发现没有摆进去的时候我们进行了空间的想象，将所有的剩余空间都集中在一起。经过了推理发现剩余空间只能在中间，接着我们又对空间进行了规划。用了这样的思维方法一步步走向了成功。老师真为你们感到骄傲！因为你们遇到困难时可以换角度思考，没有停下探索的脚步。同学们今天呈现了这几种拼摆方法，其实，巧放木条还有其他的拼法，有待课下你们进一步探索。

  ＜板书 思维——推理、想象 巧＞

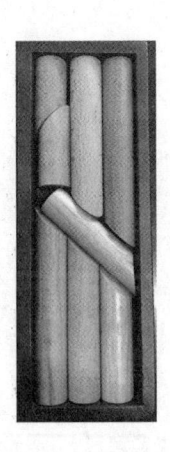

"困鼠梯环"教学设计

【执教者】 李文丽

【器具介绍】

困鼠梯环是一款由四根带环的立柱相互套叠呈梯状排列的益智器具，器具最矮的立柱上有一根绳拴着一个小木鼠。它要求破解者把被困在梯状环柱上的小木鼠取下来，使其脱困。在一个相对封闭，绳、鼠、环相互纠缠的环境中，助鼠脱困并不容易。首先需要学生细致观察环柱间的各种关系，明确环柱的结构特点（如遮挡与开放等），找出突破口。其次，还要有条理地规划破解的步骤，最终巧妙地绕开遮挡使"小鼠"脱困。这个过程对思维的刺激无疑是丰富、多样的。同时，对学生双手精细操作能力的发展，也大有裨益。

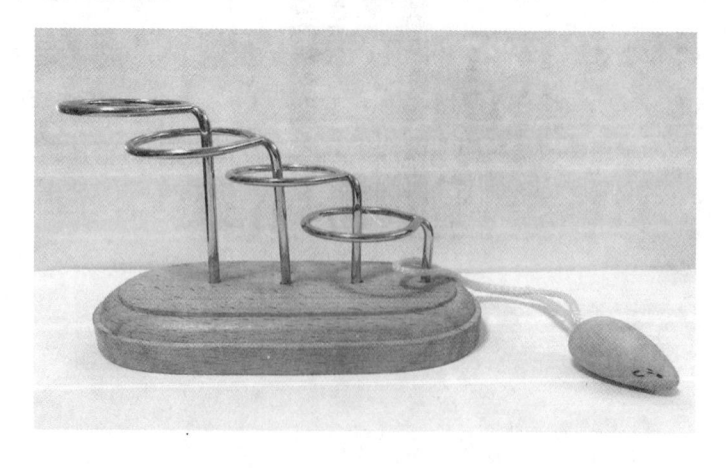

【教学目标】

困鼠梯环是一款训练学生双手和眼睛的协调能力，锻炼逻辑思维和头脑思辨能力的解绳类游戏。同时，它还可以锻炼参与者的耐心和敏捷性，能够帮助学生在娱乐中寻找问题的突破口，培养学生用化繁为简的思维解决问题，培养逆向思维，从多角度、多方位锻炼孩子的空间观察、联想、动手、实践能力，从而发展学生思考力。

【设计意图】

本节课的教学通过认识困鼠梯环，了解游戏规则、目标，准确定位四柱和四环的关系这一思维着力点，巧妙地运用了数学的化繁为简、有序的方法，让孩子很快掌握解救"老鼠"的突破口是"四环"，理解"一套一卸"，顺利探索出不同的解救策略。解决问题是数学课程的重心，提高学生思考力是我们益智游戏研究的重要任务。因此，本节课精心设计了"创设情境，激发兴趣；质疑解疑，获得方法；自主探索，尝试游戏；运用策略，解决问题；联系知识，拓展延伸"的教学思路，旨在提高学生操作与观察、思考和表达的能力，积淀学习智慧。

【教学重难点】

重点：让学生记住游戏规则，学会观察、思考，化繁为简，解救过程简单有序。

难点：找到突破口"四环"，理解"一套一卸"，从简切入。

【教学设计】

一、创设情境，激发兴趣

1.介绍器具名称让学生初步了解器具。

师：同学们猜想一下这款器具为什么叫"困鼠梯环"？

2.通过观察器具、了解组成，培养了学生深层次思维能力和空间能力，为后面找到游戏胜利的突破口奠定了一定基础，培养学生直观形象的思维能力。

师：你发现它是由哪几个部分组成的？4根柱子和4个圆环的高矮一

样吗？

最矮的环叫一环，以此类推。

最矮的柱子叫一柱，以此类推。

师：游戏的时候可以直接把绳子拽出来吗？

（老师示范直接把绳子拽出来，提问这样做对吗。）

（无规矩不成方圆，课件出示游戏规则。）

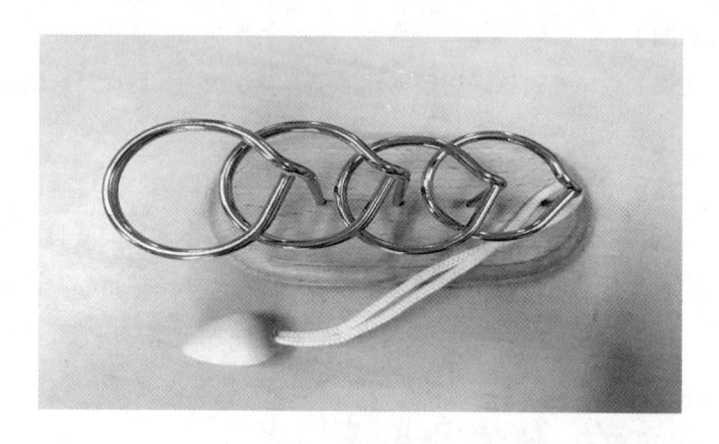

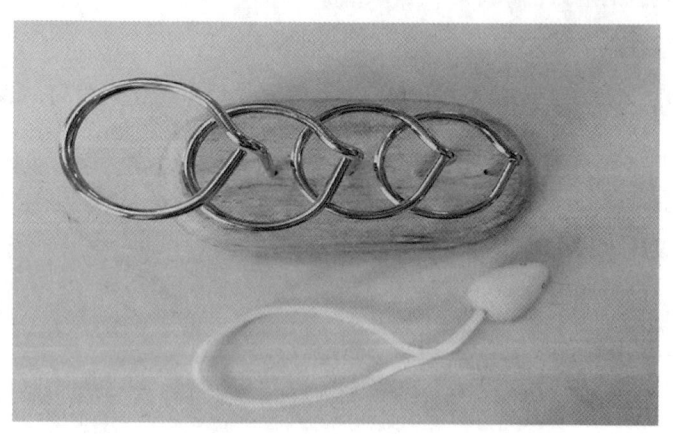

二、自主探索，尝试游戏

1. 初次探索，寻找解题方向。通过学生各种尝试积累了错误经验，然后转入再次观察思考，这个过程体现了先观察思考、再实践操作的思维过程，促进了学生养成良好的思维习惯。

师：困鼠梯环怎么玩呢？我们研究一下。游戏规则是小老鼠被困在4个环中，将老鼠从环中解救出来。下面我们就根据规则，尝试一下把小老鼠救出来。

（学生试着解救老鼠，盲目用绳子乱绕，没有成功。）

师：在游戏过程中你遇到了什么困难？

师：看来盲目去解决问题并不行，当遇到复杂的环没有思路时，要学会化繁为简。

课件出示化繁为简的思路：提炼重要信息，去除烦琐之处、障碍之处，让问题变得简单、顺畅，能更加容易地解决问题，得出准确结果。

例：光华街口装了一个新的铁皮邮箱，长50厘米，宽40厘米，高78厘米，做这个邮箱至少需要多少平方厘米的铁皮？

提炼题目中的数学问题：一个长方体，长、宽、高分别为50厘米、40厘米、78厘米，求其表面积。

铁皮邮箱的铁皮用料 = 长方体的表面积

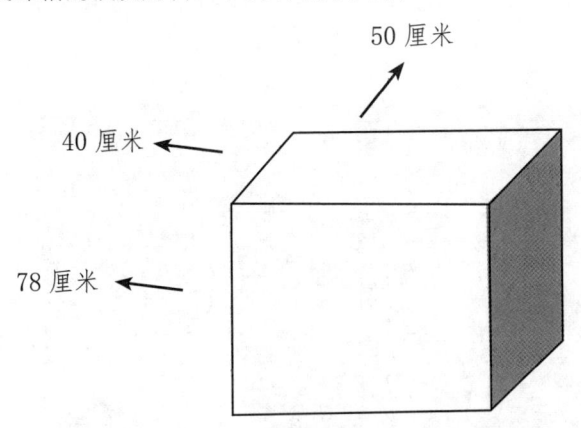

看到一个复杂的问题时，我们要学会化繁为简，找出问题的突破口。再次观察器具，看能不能从它的结构特上想办法，把"小老鼠"从梯环中救出？

师：通过再次观察器具我发现有同学成功地救出了"小老鼠"，有没有同学愿意把你的想法分享给大家？

生：突破口是"四环"。现在绳子套在一柱上，前面有三根柱子挡住了，要用绳子把全部柱子套上，"小老鼠"就出来了。

再次探索，尝试从套1柱到套1、2柱的方法，有方向性地去思考问题，使思维更具有指向性。

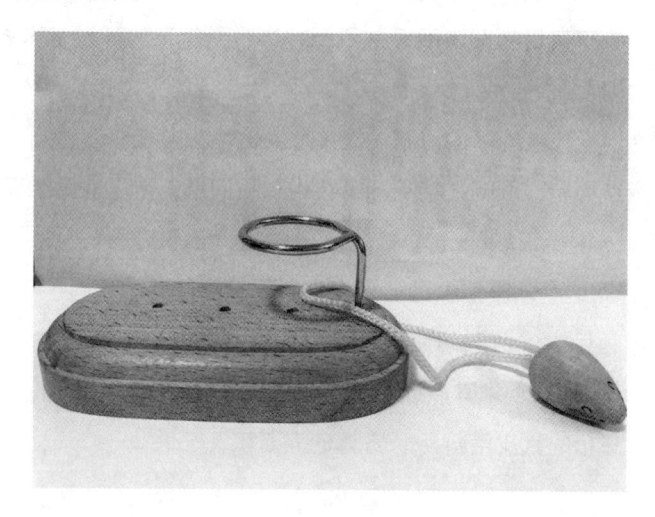

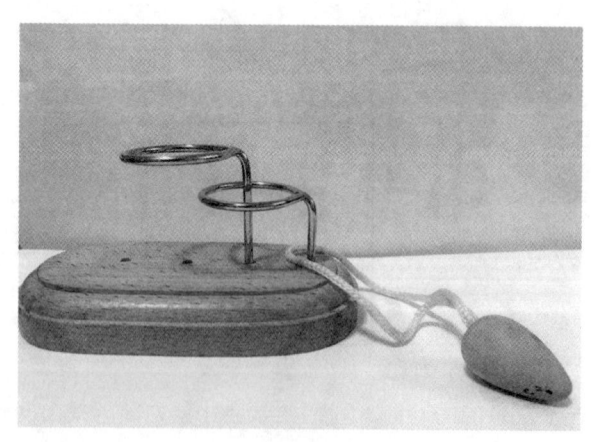

化繁为简，去除障碍，让问题变得简单、顺畅。

例： 计算 12.5+20.3+7.7+4.5= ?

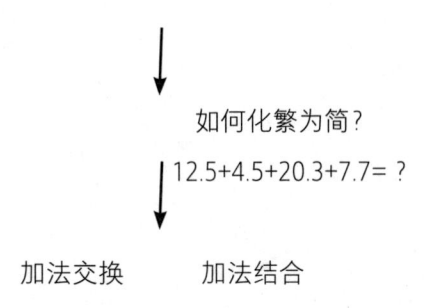

↓

如何化繁为简？

↓ 12.5+4.5+20.3+7.7= ?

加法交换　　　加法结合

(12.5+4.5)+(20.3+7.7)=?

结合刚才的化繁为简思想，把问题从难到易用循序渐进的方法解决，那么我们先来试一试器具上只有一根柱子和两根柱子时怎样将"小老鼠"救出来。通过分析让学生产生"套""卸"的意识，有目的地探索绳子从1柱套住1、2柱的方法。

3. 挑战救出"小老鼠"。再次锻炼学生的动手能力和思维能力，并让学生对救"小老鼠"的过程有整体认识。通过前两次探索和汇报，学生的表达能力和思维能力都有了一定发展。

三、联系知识，拓展延伸

1. 你能把解救出来的"小老鼠"再放回原处吗？
2. 其他套索类游戏你也能解开吗？

拓展学生思路，也为下一节课做好伏笔。

益智论文

益智课堂 让教育回归本真

哈尔滨市抚顺小学校　王珂

党的十八届三中全会通过的《中共中央关于全面深化改革若干重大问题的决定》强调，全面贯彻党的教育方针，坚持立德树人。在立德树人中回归教育本真，实现教育事业科学发展。

坚持德育为先。习近平同志指出，道德之于个人、之于社会都具有基础性意义，做人做事第一位的是崇德修身。国无德不兴，人无德不立。立德是树人的前提和基础。

坚持育人为本。尊重教育规律、教学规律和学生身心发展规律，促进学生全面发展、健康成长，是教育的神圣使命，也是教育改革发展的出发点和落脚点。应以学生为主体，一切为了学生，让每一个学生积极参与，激励每一个学生奋发上进，期待每一个学生获得成功，使学校成为学生幸福成长的学习乐园，让学生在校园享受快乐、展现潜能、放飞梦想。充分发挥学生的主动性，倡导启发式教学和探究式学习，注重增强学生的个人修养、社会担当、家国情怀，强调自主发展、合作参与、创新思维，推动学生积极主动追求新知、提升品格、参与实践、全面发展。遵循现代教育规律，注重科学育人与教育治理有机结合。学校的各项管理制度和校风校纪建设都要坚持正确价值导向，融入道德教化，让真善美得到鼓励和表彰，使假恶丑受到制约和惩处，引导广大青少年学生既丰富知识、提升能力，又修好公德、私德。

"学而不思则罔，思而不学则殆"。思维是学生智力的核心要素，是学生学习的先决条件。为了提高学生的思考力，我校率先创设了益智活动课程，着力培养学生的思维品质，提高学生思考力。益智活动课是以益智器具游戏为载体，培养学生良好的思维品质、思维习惯和思考力的课程，益智器具种类繁多，趣味盎然，极具吸引力。课程以学生动手操作为主体，思中做，做中思，锻炼了孩子的逻辑思维和空间记忆力，还培养了孩子的耐心和探索精神。

教育的原点是益智，而益智课堂正是它的生成地。所谓益智课堂，是以益智器具为载体，以"自主探究—发现"为教学活动主导模式，以促进学生思维能力发展为核心目标的一种课堂教学形态。益智课堂力求进行师－生、生－生间的合作探索，并建立一种教学相长的新型师生关系，充分激发学生的问题意识，养成学生乐思、善思的良好习惯，并最终促进学生自主探究精神等基本思维素养的发展。益智课堂强调在学生解决益智器具的一个个问题过程中，教师运用提问的艺术，以问题串的形式，通过疑问、设问、反问、追问等提问技巧，引导学生关注问题本身，同时进行多次有目标、有策略、有技巧的观察、对比、假设、操作、验证。这是科学研究的基本路径，也是以思维发展为着眼点的教学活动。通过参与益智课堂与思考力培养的实践研究，我们都在悄悄地发生着变化，教师的思想更灵动了，学生的思维更灵活了。

益智课堂强调保护和发展学生的问题意识，进行问题教学。问题意识可以说是思维发生的起点，也是创新意识、创造能力的基础。有了问题才会思考，有了思考，才有解决问题的方法、思路、策略、技巧。除此之外，益智课堂还强调：思维或者思考的过程比结果更重要。我们不仅希望学生会破解器具，更希望学生掌握观察、对比、分析、假设、验证等一系列科学研究的基本技能。学科知识是启发智慧的手段，而智慧则比知识更重要，过程是结果的动态延伸。教学中只有把关注结果变成关注过程，才能把知识变成思考的启动力。

一、游戏成为动力　提升学生生活力

益智游戏需要不断思考和推理才能完成，如果不耐下心来认真研究的话很难学会，这就要求学生在困难面前不能急躁，对学生生活能力的培养具有很大的作用。

据了解，传统益智游戏融入课堂之后，学生们变化很大，他们大多把这些益智玩具的训练当作课后作业的休闲项目，不再惦记电脑游戏，而是聚在一起讨论交流解决思路；还有学生因为这些与家长有了更多的共同语言，吃过饭、写完作业后，跟爸爸妈妈一起研究解决方法。益智游戏走入课堂给学生们提供了一个放松大脑、放飞心情的空间，同时也让他们得到了思维、合作能力的培养，陶冶了情操，开阔了视野，提升了生活能力。

二、高效课堂新模式　提升学生学习力

如何解决课堂教学的枯燥无味问题，可以针对不同学生因材施教，让学生在学习中快乐探索，让学生对课堂更具兴趣，实现高效课堂，以"探究—发现—融合—提升"为训练教学主导模式，以促进学生思维能力发展为主要目标，以探索为切入点，形成多途径，促进学生学习力的发展。

这种在玩中学、玩中思，培养学生"思考力"的"益智课堂"新模式，成为课堂改革的新亮点，今后我们会对这种教学方式进行更深入探索，将课程做细、做精，使更多学生受益，打造高效优质课堂，提升教育质量。

陶先之先生说，"行是知之始，多提新问题，这些都可以增强学生的学习积极性，给学生以发挥自己的想象力，创造力的有效空间，给学生以更多的机会展示自己，挖掘潜力，从成功中获得成就感，从而体会到学习的轻松和愉悦，并以更加投入的身心去迎接新的生活。"因此，让益智在我们的课堂上开花，让教育回归本真！

论益智器具对小学生数学思维开发的帮助

哈尔滨市抚顺小学校 刘颖

益智，字面上看是有益于智力开发的意思。西汉文学家刘向在《说苑·建本》中曾说："夫问讯之士，日夜兴起，厉中益知，以分别理。"

在当今的教育理念中，数学益智课程应该是以有益于学生思维能力（理解力、记忆力、判断力、解决问题能力、创造能力）的发展为目标，以通过孩子实际的操作去发现问题、解决问题的游戏活动为主要形式的，利用益智器具和益智游戏作为教具来提高学生的认知能力以及开拓思维的课程。学生在实际操作过程中，培养探索创新思维的能力，开发多项思维，引导学生们最大程度地发挥潜能，思维力、想象力、创造力得以充分地发挥。

理论依据：

1. 课改要求

《基础教育课程改革纲要（试行）》中指出，基础教育课程改革的六大基本目标是：

改变课程过于注重知识传授的倾向，强调形成积极主动的学习态度，使获得基础知识与基本技能的过程同时成为学会学习和形成正确价值观的过程。

改变课程结构过于强调学科本位、科目过多和缺乏整合的现状，整体设置九年一贯的课程门类和课时比例，并设置综合课程，以适应不同地区和学生发展的需求，体现课程结构的均衡性、综合性和选择性。

改变课程内容"难、繁、偏、旧"和过于注重书本知识的现状，加强课程内容与学生生活以及现代社会和科技发展的联系，关注学生的学习兴趣和经验，精选终身学习必备的基础知识和技能。

改变课程实施过于强调接受学习、死记硬背、机械训练的现状，倡导学生主动参与、乐于探究、勤于动手，培养学生搜集和处理信息的能力、获取新知识的能力、分析和解决问题的能力以及交流与合作的能力。

改变课程评价过分强调甄别与选拔的功能，发挥评价促进学生发展、教师提高和改革教学实践的功能。

改变课程管理过于集中的状况，实行国家、地方、学校三级课程管理，增强课程对地方、学校及学生的适应性。

2. 新课程标准

《数学新课程标准》中课程的基本理念指出，数学教学活动必须激发学生兴趣，调动学生积极性，引发学生思考；要注重培养学生良好的学习习惯，掌握有效的学习方法。学生学习应当是一个生动活泼的、主动的和富有个性的过程，除接受学习外，动手实践、自主探索与合作交流也是数学学习的重要方式，学生应当有足够的时间和空间经历观察、实验、猜测、验证、推理、计算、证明等活动过程。

3. 学生方面

现如今的学生因受长期讲授式教学影响，动手能力普遍不强，表达不清晰，思路不严谨，依赖性强，不爱思考，缺乏探索精神，思维打不开，所以，必须要让孩子主动思考、爱思考、并且要培养自信、爱表达的行为习惯，达到益智目的：学生创新思维和实践能力的发展。

现如今很多的数学教师对于益智课程并不重视，认为益智课程就像教学"主餐"中的最后的一个"甜点"，可有可无。其实益智课程对于低年级学生来说是学生发现学习乐趣的窗口,是带领孩子走向数学殿堂的途径之一。它对于培养学生的学习兴趣、调动学生的学习积极性有着积极的影响。因此,益智课程在数学教育中扮演着特殊的角色。新课程标准指出:"数学教学是数学活动的教学,是师生之间、学生之间交往互动与共同发展的过程。"这一新的理念说明:在未来的教学中,教师将由传统的知识传授者的角色向课堂教学的组织者、引导者和合作者的角色转变;数学教学活动将是学生经历一个数学化的过程,是学生自己建构数学知识的活动。因此,我们认为在课堂教学中对低年级学生感兴趣的益智游戏进行研究很有意义。

益智器具对学生思维开发有着不可取代的作用,在数学教学中对孩子思维的培养尤为重要,如孩子思维单一,解决起问题来就会走很多弯路,而益智器具的使用就将弥补这一部分所出现的问题,有效培养学生的多向思维的思维方式。现在很流行在小学阶段学习奥数课程,奥数课程实则也是对学生思维能力的培养,但它单一地靠教师的讲述,需要学生在脑海中有画面与老师同步进行,对于学生有一定的难度,对低年级的学生则难度更大。但益智器具则需要学生动手实际操作,这样学生手脑并用,借助器具呈现画面更有利于学生的思维想象,从而尽快理解问题、解决问题。这样的教学,使原本机械、沉闷、缺乏生气的课堂变得充满生命活力和乐趣。《基础教育课程改革纲要(试行)》也明确指出,"课堂教学应关注生长、成长的整个生命,要构建充满生命力的课堂教学运行体系。"只有具有生成性的课堂才有生命的气息,才能发挥学生的主体作用,满足学生探求知识的欲望,展现课堂教学的真实性,体现教师的教学机智和教学艺术,表现数学学科自身动态生成的特点。学生形成思维多向化,在今后遇到数学问题时学生的思维就是多向的,一条路走不通,就试着换种思路。思维的多向发展便服务于学生的学习生活了。

通过研究,要达到教学理念和教育实践的根本转型,必须要让教师意识到,教学活动不只是单纯教授书本上的课程,而且还有益智游戏;认识到学生特别是低年级学生成长的多方面需要及以游戏的方式主动参与教育活动和发展的可能，从而重视、研究课堂教学动态生成的过程，使教育活动过程焕发生命的活力。为此，我们做了以下积极的探索，并努力地实践。

整合教学资源，为"益智游戏生成"打好基础。整合，从字面上来理解是"统筹下的融合"。各门学科、各种教学资源、各个教学要素和教学环节等，经过整理、组合、相互融合，保持协调一致，产生良好的聚集效应，让学生更好地理解知识内容，让教学更有效果，时效性更强。同时，也为培养学生创新精神、实践能力做了领路人。因此，数学更应具备整合的思想。《数学课程标准》明确指出：数学教学要充分考虑学生的身心发展特点，结合他们的生活经验和已有知识设计富有情趣和有意义的活动，使他们有更多的机会从周围熟悉的事物中学习数学和理解数学。这一要求明确了小学数学教学必须要从学生的生活实际出发，尽可能把数学知识和他们在日常生活中积累的知识经验相结合，多角度地设计符合生活的"数学游戏"，使数学教学活动在生活这一更大的课堂中进行。在小学低年级的数学学习中更应该使抽象静止的数学知识变得生动形象，易于理解和掌握，这样就更能体现出益智器具的重要性与时效性。数学学习更加贴近孩子们的生活，富有趣味性和挑战性，这样就可以激发学生研究数学的兴趣，增强学生学习数学的愉悦感和独立性，促进学生创新思维和实践能力的发展。

总之，把益智课程与数学教学内容紧密联系起来，学生在学习系统的数学知识的过程中体会到益智的乐趣。为学生动手、动口、动脑，多种感官参与学习活动创设最佳情境，激发学生学习兴趣，调动学生的积极性，最大限度地发挥学生的身心潜能，省时高效地完成任务，同时又培养学生良好的学习习惯和心理素质，使智力与非智力品质协调发展。为一般学生打造学习平台，为尖子生打造展示舞台。

益智相伴 快乐成长

哈尔滨市抚顺小学校　孙　超

　　益智，顾名思义，增益启智。思考力是思维发展的核心，而益智课堂为学生思考力的培养开辟了新途径。益智课堂以学生动手操作为依托，以真实、有趣的问题困境为起点，以益智器具为载体，通过多样性的探究活动，让学生积累思维经验，掌握思维技能，提升思维品质，是发展学生核心素养的途径之一。

　　2020年的春天，我们以一种不同的方式开启；2020年的寒假，我们以"宅家"不出门度过。在这样的日子里，我们经历了担惊受怕、自娱自乐、静心思考……这样一个"漫长"的寒假，我们渐渐发现了新的"玩具"——益智器具的妙处。

一、巧用"玩具"　打开探索之门

　　一个人的思维方式对其学习、生活都有着重要的作用，益智器具作为学生喜爱的一种物品，能够快速激发学生的兴趣。益智器具包括常见的传统玩具，如九连环、七巧板、华容道等，也有孩子们生活中常见的玩具，如魔方、魔尺、黑白棋等。兴趣是最好的老师，孩子们只有想玩、爱玩，才愿意去钻研、去琢磨；只有多玩、多想，孩子们的思考力才会不断提高。

魔尺是生活中常见的一种益智器具，它以十足的"魔力"吸引着学生，以神奇的变化让每个人爱不释手。它能够随意变化、自由组合，可以培养学生的学习兴趣，发挥其想象力，开发智力，锻炼耐心。在手脑结合时，既可以锻炼孩子们的动手能力，还能提高其抽象思维能力和空间感知能力。一年级的学生特别喜欢动手，魔尺就成每个学生的必备器具。我们选择了24段魔尺作为切入，在了解了魔尺的由来与玩法后，从数字开始，魔尺在大家的手中渐渐变化出各种各样的图形。从不会到熟练，学生们不但获得了成功的喜悦，也越来越喜爱手中的魔尺。

在这个"漫长"的假期里，魔尺成了学生们不可或缺的小伙伴，他们将学过的图形反复练习，自学新的图形；他们不但自己琢磨拼摆，还跟家人一起比赛，为无聊的宅家生活增添了乐趣。渐渐地，学生们手中的魔尺变长了，48段、72段的魔尺也能自如变换起来，慢吞吞的小蜗牛、可爱的小猫、挥舞钳子的大龙虾、神秘的宝葫芦……纷纷出炉。俗语有云："师父领进门，修行在个人。"学生们对魔尺的兴致越来越高，在不断拼摆的过程中，他们的观察能力在慢慢增强，专注力在逐渐提升，手眼脑协调性也在逐步提高。

二、善用"玩具" 促进亲子交流

魔尺为学生们打开了通往益智课程的大门，华容道、汉诺塔、魔方、数独纷纷走进了孩子们的家庭，成了增进亲子交流的工具。益智器具成了家庭和睦的催化剂，家长与孩子代沟的消除器。家长和孩子们共同思考，共同研究，其乐融融。

在不能出门的日子里，家长们有更多的时间来陪伴孩子、了解孩子。在我校的微信公众平台推出的"e课堂"栏目中，益智团队的老师每周会录制一个益智短视频，供大家学习。通过和孩子们一起观看，家长们对益智器具也慢慢产生了兴趣，也兴致勃勃地研究起来。

在文文的家中，爸爸放下手机，离开电脑，拿出华容道，父子"大战"

一触即发。"横刀立马"是华容道的经典布局之一，"曹操"冲出重围需要 81 步，最快只要十几秒便能完成。对于刚接触这款器具的文文和爸爸来说，他们都站在同一起跑线上，彼此都有一股不服输的劲头，都想看看能不能赢过对方。于是，家里立刻热闹起来：

"移'关羽'，'小兵'上。"

"我要成功了！"

"不对不对，走错了。"

"哈哈，我走得快。"

……

父子的对话声、木块的移动声不绝于耳。两人每天都会较量几局，每次都不分伯仲。在持续的比拼中，父子二人的速度在不断提升，对华容道的兴趣也越来越浓。两人在熟悉了"横刀立马"之后，还研究了巧过五关、水泄不通等棋局。"每天进步一点点"成了他们共同的目标。

三、常用"玩具" 提升核心素养

通过开展各种游戏、比赛，益智器具给学生们带来了无限的愉悦。学生们在操作益智器具的过程中，体会到了益智思维的乐趣，其勇于探究、坚持不懈等意志品质也在不断地提升，更好地培育了核心素养。

魔方在孩子中间颇受欢迎。可能是受到《最强大脑》的影响，大家对魔方的喜爱程度也特别高，三阶魔方、二阶魔方、金字塔魔方成为一年级学生的首选。虽然不能很好地读懂归方公式、速拧公式，但这正好能让孩子们更倾向于自己去寻找魔方归位的方法。正所谓"授之以鱼，不如授之以渔。"也正是这样的自主探索，使得他们经历了独立思考的过程，使其思维能力得到了更好的锻炼。

九连环作为一种传统的益智玩具，具有极强的趣味性，能既练脑又练手，对于开发人的逻辑思维能力及活动手指筋骨大有好处，同时它还可以培养学习的专注精神和耐心。对于年龄较小的孩子来说，九连环的难度较大。将找到的解环资料与找规律结合起来，让学生一环一环去实践。前三环对于学生来说还算轻松，规律也是浅显易懂，但在不断重复的解环过程中，学生可能会产生厌烦或挫败的心理。所以在学生们进行研究时，我总是抓住时机，给学生表现的机会，对于解九连环慢的学生更是百般呵护，哪怕是一丁点进步也及时表扬。没有解出来的学生，我也都从认真思考、积极发言、大胆实践等方面给予鼓励，让他们接着做不要气馁，让孩子们看到自己的闪光点，相信自己的聪明才智，实现不同的人在学习中得到不同的发展。孩子们在动手操作中不会因为出错感到沮丧，而是能够找到原因，继续尝试，这也正是益智课程的魅力所在。

　　思考力的培养不是一蹴而就的，而是在不断的积累与运用中逐渐提高。这场抗"疫"大战，有益智器具伴在身旁，让我们在玩中成长。

巧用益智器具 促进小学数学思维进阶

哈尔滨市抚顺小学校 裴玉平

摘要：高效科学的小学数学课堂不应该是一成不变的，而应是多彩多样的，富有趣味和活力的。在教育改革推进的时代背景下，小学数学教师应当充分利用益智器具这种必不可少的数学教学工具，来启发学生的数学思维，促进学生思维进阶，让学生在学习过程中可以通过益智器具的辅助高效学习。鉴于此，本篇文章将探究在小学数学教学中如何巧用益智器具，促进学生思维境界的提升。

关键词：益智器具；小学数学；思维进阶

在新时代中，数学教师的主要教学目的变成了培养学生的数学能力和数学思维，而想要快速提高小学生的数学思维，就要采用能够让学生乐于接受的教学方式，要注重教学的趣味性和简单性，要充分发挥学生的积极主动性。通过教师不断摸索，发现利用益智器具辅助数学教学，可以高效培养小学生的数学思维和数学能力。因此，教师就需要充分利用益智器具，破解数学教学中的难点，培养学生的创新思维能力。

一、益智器具在小学数学教学中的作用

益智器具是一种能够开发学生智力，同时可以激发学生学习兴趣的小巧器具，它的种类多种多样，比如数独、汉诺塔、三阶魔方、四阶魔方、九连环、智取王位、独粒钻石棋、巧放圆形、六通鲁班锁、三通鲁班锁、十五通鲁班锁、膨胀的正方形、百鸟蛋、博士板、心巧板、七巧板……这些类型不一的器具可以从多维度启发学生的思维，提高学生的数学思维能力，同时还可以激发学生的兴趣和积极性，有助于构建高效的小学数学课堂，能够促进学生的全面发展。

二、利用益智器具促进小学数学思维进阶的策略

（一）感悟数学概念

数学概念是小学数学教学中的重要内容，是学生必须要彻底掌握的内容。不少小学生在学习数学概念的时候都会比较吃力，因为数学概念太过抽象，以学生目前的理解能力并不能快速了解抽象数学概念的真正含义。而学生一旦无法掌握数学概念，数学基础不牢固，那么学习数学就会变得越来越困难。所以，为了解决这个难题，教师就可以通过益智器具来引导学生感悟数学概念。

比如在人教版六年级上册《圆的认识》这一课中，教师在讲解圆的特征和半径的含义以及半径与直径的关系时，就可以引入益智游戏"巧放圆形"来启发小学生的思维，还可以利用益智游戏"巧放圆形"引导学生理解掌握圆的基本概念。比如"巧放圆形"盒中木框内有三个梯形、两个三角形和一个圆形，要认真观察，将木块放入盒中方框内，教师让学生从盒中倒出全部木块，拼一拼，摆一摆，将除圆形木块之外的五个木块放回盒中方框内，这样就可以激发学生的好奇心和探究欲，能够强化小学生对圆的认识。

（二）破解数学教学难点

小学数学课程中内容有简单的，也有比较难的，当学生在学习数学重

难点时，学习效率明显偏低，学习兴趣也不足。因此，为了破解小学数学中的重难点，进一步启发学生的数学思维，教师就可以将益智器具应用到数学教学中，以丰富多样的益智器具来简化数学重难点，促使数学教学变得更加有趣。

比如在人教版五年级上册《解方程》这一课中，教学的重难点是让学生会解形如 ax=b 和 a+(-)x=b 的方程，要让学生理解 a+(-)x=b 的方程原理，并掌握正确的解方程格式以及检验方法。教师在教学中可以采用引导法、观察法和猜想验证法。在利用这些不同的方式教学时，教师就可以将益智器具融入不同的教学方法中，以此来强化教学效果。如教师能够用三阶魔方、四阶魔方让教学变得更加有趣，可以提高小学生的认知和分析能力，进一步丰富学生的想象力，有助于培养学生的耐性，让学生在学习中不会急于求成，而是会一步步稳扎稳打，缓步提升。这样，学生才能更好地去发现方程算式的魅力和应用价值。

（三）发展创新能力

创新能力是小学生必须要具备的一项能力，教师要发展学生的天性，挖掘学生的优势和潜能，努力引导学生积极想象创造，不断锻炼提升学生的创新能力，这样，学生思考问题的角度才能变得多样化，学习效率也才能提高。

还是在人教版五年级上册《解方程》教学中，教师要让学生了解方程，学会解决简单的方程问题，在情境导入时，就可以利用益智器具来发展学生的创新能力。比如教师可以引入七巧板这类益智游戏，让学生尝试不同的拼图方式，思考不同的拼图组合。也可以利用智取王位这种益智器具，让学生探究其中蕴含的规律。因为当棋子为一颗或者是两颗的时候，先拿者必定获胜。当棋子为三颗的时候后拿者必胜。当先拿者取一颗的时候，后拿者取两颗获胜，即 1+2 型；当先拿者取两颗的时候，后拿者取一颗获胜，即 2+1 型。这种游戏能锻炼学生的发散思维，有助于强化学生解方程的能力。

三、结束语

综上所述，利用益智器具辅助小学数学教学，可以使数学教学变得更直观易懂，同时还能够给学生提供动手实践的机会，让小学生可以在实践中发展自己的数学能力和数学思维。故而，小学数学教师就可以利用益智器具引导学生感悟数学概念，破解数学难点，通过益智器具来加强学生对数学的理解，同时发展创新能力，这样就能在不知不觉中渗透素质能力教育，进而全面提升学生的综合能力和学习效率。

百变魔尺大比拼

哈尔滨市抚顺小学校　徐 彦

　　2008 年益智器具来到抚顺，我就将它带给我的孩子们。在众多的益智器具中我选择了魔尺。这款器具最初叫作魔棍，是高自由度的智力玩具，可随意变化，自由组合。在孩子们随意扭转魔尺的过程中，既可以培养孩子的娱乐兴趣，又开发了孩子的智力，锻炼了孩子的耐力，可谓一举多得。

　　起初我组织班级学生自由玩魔尺，力求玩熟练。我搜集了一些简单的图案，让学生们分组研究，拼成后生生之间交流经验。很快，我们班级的孩子课余的时间都在玩魔尺。家长们也欣喜地告诉我，孩子不要手机了，孩子不看电视了……很快到了临近新年的时候，我组织本班（一年级三班）学生进行了一次 24 阶魔尺的比赛——百变魔尺大比拼。

　　孩子们兴趣浓厚，积极参与。比赛前，他们认真准备。下课后，他们就一起交流练习心得，一起研究如何变化，你教我，我教你，变换出各种不同的形状：有小狗、长颈鹿、球、三角形等；放学后，他们与家长一起参照视频进行练习，操作魔尺变形的速度越来越快。

　　比赛时，孩子们跃跃欲试，注意力高度集中，等待老师下达口令。只见魔尺在孩子们的小手中上下翻飞，他们纷纷插上想象的翅膀，不一会儿，一把把魔尺就变成了小狗、长颈鹿、手枪、圆球、心形等各种造型。

魔尺不仅可以开发智力，还可以让孩子们知道时间的重要性，完成时间最短者胜利！这次活动后，我又给学生们提出了新要求：请你去创造新的图案，再教给班级的同学们。这时我班最"勇敢"的同学提出："老师，您总说玩魔尺好，您怎么不玩呢？"看到一双双透着热切、渴盼的眼睛，我俏皮地跟孩子们说："我要在全班同学中选出速度最快的五名同学来做我的老师，你们有一个假期的努力时间。我很期待哦！"

　　随着益智器具走进学生们的生活，伴随着"百变魔尺大比拼"一类活动的不断开展，不仅让孩子们收获了成功的喜悦，也让孩子们在玩乐中学会观察，在观察中学会思考，在思考中学会动手探究，全面提升了孩子们的空间感知能力、抽象思维能力、动手实践能力，让班级具有了更强的凝聚力和向心力。

我与益智的小故事

益智课堂　灵动思维

哈尔滨市抚顺小学校　丁宁

游戏是儿童认识世界的途径，为了打破传统课堂，让学生在游戏中提高思维能力，我校先后购进八十余种益智器具，旨在将学生的学习与智力开发融于一体。每个班级都有自己要"玩"的益智器具，而我们班选择的是"汉诺塔"。

刚开始备课时我无从下手，对于这款器具的切入点把握不是很准确，我便请几个学生先动手随便玩一玩。孩子们刚拿到器具后真是兴奋不已，在静观中我发现，学生们关注的点都是大同小异的。经过不断的探索和研究，我终于找到了思路和灵感。

如果仅要求学生按照规则练习操作，那么这款益智器具也只能停留在"玩具"层面上，课堂也只是"游戏"层面，如何将游戏和思维训练联系在一起呢？课上我先让孩子们随意玩，然后让孩子和同桌讨论自己的发现以及喜欢的玩法，再进一步带领孩子们认识汉诺塔各个组成部分，并给每一根柱子都起一个好听的名字。接下来，学生被色彩鲜艳的八颗珠子深深吸引，学习情绪高涨，争先恐后地提出了好多问题，我便顺势引导学生在课堂上开动脑筋慢慢找到答案。

带着浓厚的学习兴趣，我和学生们研究如何去玩，将训练目标聚焦在操作上，使学生思维由混沌状态向清晰明朗转化，增强了思考的逻辑性，锻炼了学生的思维能力。我利用表格形式引导学生思考，让学生发现各环节间的关联和所蕴含的可能性，慢慢将学生的思维焦点转向优化移动步骤、寻找最有效的序列。

在这节课中，学生们先提出假设，然后检验假设，再通过互相合作和表格推理，提炼概括汉诺塔的玩法。填表格这种教学方式的使用，也培养了学生的逻辑推理能力。在有效问题的激发下，进一步深入了解思维训练活动中的认知结构，这一场头脑风暴学生们玩得酣畅淋漓。

不仅如此，学生们还利用课余时间继续探索，进行思维碰撞。我在班级又组织了一场汉诺塔比赛，学生们十分投入，你追我赶，珠子快速移动，笑声清脆悦耳。比赛精彩纷呈、高潮迭起，大家收获的是能力、是喜悦、是信心。通过与学生们一起研究汉诺塔，我深深地感受到学生的潜能是巨大的，他们对益智器具的学习兴趣十分浓厚，有不达目的不罢休的热情，充分彰显了学生们的聪明可爱。

在益智实践研究的过程中，老师与学生都悄悄地发生着变化。虽然我们的益智研究还在路上，但我们会扎扎实实做好研究，更加努力地开展好思维拓展教学，让益智之花焕发生命活力，让孩子们能在一个欢乐、轻松、和谐的氛围下自主地学习！

以玩促思，以动促学

哈尔滨市抚顺小学校 高蕊

在我们抚顺小学校的《益智课程提升学生思维素养的实践研究》课题的实施过程中，作为一名课题的实施者，我感受着益智器具带给我的快乐，也感受着它让孩子思维能力飞跃的过程。

孩子们在玩益智器具的过程中，不仅得到了快乐，还学会了在玩中学，在玩中思考与推理。

有一次，学校举行了以学年为单位的益智器具的比赛。比赛项目——汉诺塔。汉诺塔看似只是一项摆来摆去的重复的操作活动，但是如果对条件或要求稍加改变，就会进一步增加这项活动对思维的挑战。实践中，孩子们有了充分的尝试操作经验之后，我又设定了"看谁用的步骤少"这样的要求。这一变化就难为住了孩子们，孩子们分小组一起探究，寻找其中的规律。这一要求为训练思维活动提供了别样空间，也"迫使"学生把思维的焦点转到寻找行动有效的序列上，为此他们就要在问题情境中通过进一步的尝试操作、体悟、搜索、提炼，从而概括那些潜在的破解规则或规律。其中包含大量基本思维技能的选择和协调运用，如比较、综合、抽象、归纳、步骤化、简化等能力。

班级有几个学生熟练掌握了汉诺塔 5 片挪移的规则，在此基础上，我又不失时机地提出："完成 8 片挪移最少需要多少步？"这次，孩子们并没有"瞎蒙",而是在自己的经验水平上体悟到了最优规则。当许多孩子们都找出其中的秘密时,大家都开心极了——因为这开心是他们用自己的智慧换来的。孩子们通过自己的操作与思考,从中寻找到答案,同时也在玩的过程中慢慢地收获了自信。

益智器具对每一个孩子都具有很强的亲和力,使孩子的"玩"也成了一种学习。孩子们在相对宽松、自由的氛围中学习,尽管思维是紧张的,但却是饶有兴味的。孩子们在玩的过程中,促进了思维的发展,锻炼了自身的能力。

"学而不思则罔,思而不学则殆"。思维是学生智力的核心要素,是学生学习的先决条件。在我们的益智课堂上,孩子们学习的热情空前高涨,教室、走廊、操场都成了他们学习的乐园,飞叠杯、汉诺塔、百变立方体……孩子们不仅会玩,还玩出了花样。瞧!同学们戴着眼罩暗自较劲,看看谁的立方体变得最快!而飞叠杯不仅锻炼了学生的思维,也极大地丰富了孩子们的课余生活。

学中玩,玩中思,思中悟,同学们还将自己对益智器具的所思所想及有趣的片段制作在了手抄报中,画成了思维导图,真正让益智的思维深入头脑中。

益智器具带给孩子们的不仅是新奇与激动,更让孩子们感受到益智游戏的有趣与魅力。相信益智课程的深入开展,必将点燃同学们的热情,引领他们走向更深更广阔的益智世界!

种下益智的种子 静待花开的声音

哈尔滨市抚顺小学校　　纪红颖

　　益智器具作为一种能让学生在玩的过程中开发智慧和增长智力的物品，随着教育的改革，渐渐引起了我们的关注以及重视。如何运用益智器具，让学生乐在其中的同时也能够开发智力，提升思维能力，使小学数学教学方式变得高效、丰富又灵活，这是我们一直在探索的问题。

　　益智器具种类繁多。华容道作为中国古典益智器具，一直和七巧板、九连环、孔明锁这几大器具一样受到人们的喜爱，它也是滑块类游戏中的经典器具。华容道这个游戏倍受国内外爱好思维训练者青睐，一是由于其故事性强，能吸引学生；二是华容道变化多端，有百玩不厌的特点；三是华容道玩法复杂，没有意志力无法达成。据记载，华容道有很多种不同的布局，其中最为经典的布局便是"横刀立马"。

　　基于对传统益智器具的喜爱，我们班最初选择的器具就是华容道，在研究这款器具的过程中我同我的学生一样，从开始的初步了解到渐渐喜爱，再到痴迷钻研，经历了一个长期的过程。我带领着我的孩子们在探索益智游戏的路上不断前行！

　　历史故事的引入无疑是激发兴趣之所在，孩子们在了解了三国背景下这段历史的同时，就对这款器具产生了浓厚的兴趣。不用我多说，他们便积极地投入到了尝试和探索中，但很快便发现自己像是无头苍蝇似的尝试是解决不了问题的。我告诉他们，别小看这十块木块，它们的布局不同，解决的策略也不同，但是目的却是相同的，就是把代表着曹操的木块从最里面挪出来。我先示范了"过五关"和"横刀立马"的两种布局解法，一下子就激发了孩子们的兴趣，纷纷问我怎么弄的。我从介绍游戏、激发兴趣入手，到让学生观察器具、发现问题，从而引导探究，让孩子们体验游戏，最后通过交流、反馈、拓展、延伸四个环节，使学生能初步感受"华容道"游戏的魅力。我们在一个学期的探索中先后掌握了"过五关""横刀立马""层层设防"和"插翅难飞"几种布局的解法。孩子们兴趣高涨，无论是课间还是午休，经常能看到他们几个人围在一起研究解决方法，在一些领悟能力强的同学的带动下，人人不甘落后，每当自己能熟练地掌握一种解法后，马上就到我的身边跟我"报喜"。授之以鱼不如授之以渔，在我的引领下，班级的每个孩子都能熟练地掌握几种解法。他们渐渐地不满足于现状，开始尝试其他的开局方式，探索不同的解法。部分孩子已经开始把自己的想法融入数学思维中，这让我在惊叹的同时也为他们感到自豪！

　　孩子们掌握了多种布局的解法后，就开始了他们的速度之争。为了鼓励他们，我在班内开展了三种布局解法的比赛。在比赛中孩子们摩拳擦掌、跃跃欲试极其兴奋。有的同学用单手拨动，有的同学用双手拨动，赛况激烈。显然双手同时拨动能大大缩短拼摆时间，班内一时间又开始了探索怎么能在尽量短的时间完成拼摆的尝试。机会总是留给那些有准备的人，在道里区举行的益智器具的专场比赛中，我们班有四名同学代表学校出战华容道的比赛，并取得了优异的成绩。这把班内探索"华容道"的氛围又推向了一个高潮。

　　就这样作为一个引导者和参与者，我带领着我的孩子们一起徜徉在探索"华容道"的世界中快乐无比！这款器具在锻炼学生左、右手协调性的同时，还开发了学生的左、右脑潜能，培养了学生的创新意识和实践能力。在探索中不仅使孩子们学到了华容道布阵取胜的战略、战术，而且锻炼了同学们有序的推理能力和逻辑思维能力，还锻炼了他们持之以恒的意志力，他们在游戏中充分感受到古人的聪明才智，激发了爱国热情。

随着益智课题研究的不断深入，我和我的学生们还探索了其他几种益智器具。聪明的他们不再盲目地乱拼乱试，总是要先问清规则再动手尝试解决，当他们发现许多益智器具问题都可以通过我们学的数学知识去解决时，眼里都闪动着兴奋的光彩。对益智器具的深入研究让我和我的孩子们拉近了彼此之间的距离，也拓宽了我们思维的广度，让孩子们体验到了成功的喜悦。

作为一名教育工作者，我要在益智探索的路上不断前行，为每一个孩子种下益智的种子，在他们成长的路上静待花开……

玩转魔方 思维绽放

哈尔滨市抚顺小学校　亓秀芳

玩魔方是一种高雅的有益活动，它不仅可以锻炼人的手脑并用能力，有效地培养人的动作技能，还可以增强人的记忆力，丰富空间想象力，培养人的耐力和毅力。

根据一年级学生的年龄特点，我们班选择了魔方作为益智课堂的"敲门砖"。通过还原魔方，使得孩子们在乐中学、学中乐，把"要我学"变成了"我要学"，极大地激发了孩子们的学习兴趣，使他们的思维更具活力。

教学伊始，我带领学生们观察魔方的外形特征，通过数一数魔方有几个面，每面有多少小块，这些小块又是什么颜色，它们在魔方的什么位置等问题了解了魔方的基本信息，复习了已有的数学知识，同时激发了学生们的探索热情。一年级的学生好奇心强，角色意识强烈，于是，我把魔方比作一个家，中间的色块是妈妈，周围的色块是宝宝，有妈妈的地方就是家，请学生们把宝宝送回家。学生们热情高涨，迅速行动起来，但很快发现自己就像一只迷途的羔羊，怎么也找不到回家的路，纷纷向我"求救"。顺势，我示范了复原魔方的方法，分别讲解了"妈妈"在上层、中层、下层、脚下时送宝宝回家的方法，一边讲解一边操作，随着一个个魔方的复原，学生们初步感受到魔方的魅力，打消了"魔方真难玩"的念头。

渐渐地，魔方成了他们形影不离的小伙伴，无论是课间、午休，还是放学的路上，总能看到他们三五成群地聚在一起或你教我、我教你地互相帮助，又或你一言我一语地研究新方法。学生们也在合作学习中提高了技能，增进了友谊。学习魔方不仅可以带来快乐，还锻炼了脑与手的协调配合能力，是一种真真正正的动脑又动手的游戏。同时，成功还原魔方六面给予学生更多的自信，他们也可以将这种自信投入日常的学习生活中，久而久之，孩子们也将变得更加优秀。

玩魔方的热情也被孩子们带回了家，家长感慨地说："孩子回到家就迫不及待地拿出来给我展示，详细讲解在课堂上她是如何做的，经过几次失败之后成功的。她还告诉我，是如何帮助其他没有成功的同学复原的。看着她脸上洋溢的兴奋和激动的表情，我能想象得到课堂上她有多开心。""开展了这样的益智器具教学，孩子们真正地做到了'乐学'，极大地激发了孩子们的学习兴趣，事半功倍。孩子的注意力集中了，对知识的探索积极性更强烈了，即使失败也愿意继续，直到收获成功。""在没接触益智器具之前，孩子除了看些动画片，就是玩手机。益智器具的出现彻底改变了这一切。它不仅增强了孩子动手的能力、主动思考的能力，还激发了孩子的想象力，在不断地尝试与失败直到获得成功的过程中，塑造了孩子不服输的性格。这个小小的魔方已经成为家庭的亲子玩具，有了它之后，我们和孩子共同思考，其乐融融，这大概就是魔方的'魔力'吧。"

爱因斯坦说："兴趣是最好的老师。"在益智课程探索的道路上，我愿意从孩子们的兴趣出发，引领孩子们不断尝试，玩转益智器具，让孩子们的思维活力绽放光彩！

我与益智有个"约会"

哈尔滨市抚顺小学校　任　丹

当学校刚刚推进益智课堂教学，当我对益智学具懵懵懂懂的时候，班级的一节配课，改变了我。那是铁岭小学杜冬雪老师执教的《独粒钻石》，这堂妙趣横生的课是我接触益智教学的第一课，让我开启了探索益智教学的大门！让我对益智课不但有了初步的了解，还被深深地吸引了，并一头扎了进去，一下子爱上了益智课。经过申请，我成了学校益智研究会的一员！

当我和学校益智研究会的老师们一起研究、学习的时候，来自大庆的王宇老师讲授的《预测大师》又为我打开了新的思路！这节课以学生熟悉的四款益智器具为切入点，引导学生感受生活中有依据的"预测"和"推理"，激发学生的探索欲望，并随之将此思维经验迁移到对本款器具的探索中。学生在大量的操作、试误、讨论、总结中完全掌握游戏规则，学会应用假设、排除等推理方法，进行合理、有效的"预测"，提高了学生逻辑分析的缜密性和有序性。

储备经验，厚积薄发！在益智课堂上，我班选取了魔方和九宫数独两款益智学具。学生在真实的问题情境中，能够因益智器具内生的游戏性而获得积极的情感体验和丰富的思维经验积累，学会解决问题的有效方法，形成对问题、事物和自我的内在联系和整体认识，逐渐生成自信、自控力、内驱力和良好的个性品质。学生在有趣的学具里遨游，这种挑战性、支持性、趣味性、主动性才是益智课的魅力所在！

正所谓"路漫漫其修远兮，吾将上下而求索"，益智教学对我来说是一个全新的挑战，但我相信：在满怀"教育梦"的校领导的引领下，在求实求真、兢兢业业的老师们的共同努力下，益智的种子会在我校生根发芽，智慧之花会在我校悄然绽放。爱好益智的我，定能创造出一片属于我的益智天空！

撒下益智的种子 播种明天的幸福

哈尔滨市抚顺小学校 孙 超

子曰："学而不思则罔，思而不学则殆。"可见，思维能力在我们的学习中具有举足轻重的作用。一个人的思维方式，决定着其未来的发展。作为教师，我们不仅要做知识的传播者，还应成为启发学生潜能和智慧的培育者。而益智课程，便是发展学生思维的一条有利途径。益智器具多数来源于学生们感兴趣的玩具，学生一拿到手，就会兴致勃勃，跃跃欲试。那么，怎样利用好这些器具，促进学生思维更好地发展，就是我们要努力研究的方向。

记得我刚刚接触益智器具时，有一种既熟悉又陌生的感觉。作为玩具，我是耳熟能详；但要拿到课堂上来讲解，我又皱起了眉头。怎么讲明白？其中蕴含哪些思维方法？如何与数学学科整合？这些都成为困扰我的难题。

受到数学教材中一道题目的启发，我首先选择了"汉诺塔"。这款器具起源于印度一个古老的传说，而且与数学中的优化、递归、推理等思想存在联系，通过器具操作，还能锻炼学生手、眼、脑的协调配合能力。当学生们拿到器具时，眼中呈现的那种光彩是我从未见过的。都说兴趣是最好的老师，果然如此。在一次次由简到难的尝试中，学生们兴致盎然，乐在其中；在一步步的引导下，学生通过小组交流，逐渐发现汉诺塔的移珠规律；在一层层的思考中，学生的推理、迁移、分析等多方面能力得以提高。学生熟练掌握了汉诺塔的玩法后，我再带领学生变换不同方式——倒塔、改变目标柱、打乱珠子排列等，学生们的兴趣不减反增。每一次改变，都会变一种思路，学生们敢于尝试，勇于探索，其思维也在逐渐拓展延伸。

益智课程作为我们的校本课程，得到了每一位学生的喜爱。"鲁班三通"虽然只有三根木条，但对于初次接触的五年级学生来说，也是一种挑战。如何拆解，成为他们要攻克的第一道关口。当时，班级里真的犹如有40多位小木匠在工作一般。当学生们费了九牛二虎之力却仍无破解之法时，我从介绍榫卯结构入手，带领学生们领略了我国的古代劳动人民的智慧，借此启发学生：找到关键木条，才是拆锁秘诀。学生们通过观察、尝试，终于将这三根木条拆解成功，可接下来，如何安装又成了难题。学生不断尝试着穿孔、拆卸，始终不得其法。我再次引导学生：总是不断重复错误的搭配，何时才能成功呢？有序地思考尝试才是解决问题的好办法！观察木条孔的特点，逐一进行拼搭穿孔，调整木条方向并记录，几次尝试下来，终于有人取得了成功！通过经验分享，多次拆装，学生们逐渐摸索到了拆装规律，小小的鲁班锁终于被全班同学征服。这种在尝试中遭遇困顿，在困顿中寻求方法的研究过程，使学生受益良多。

趁热打铁，我们又进行了"鲁班十五通"的研究。学生们能够将解决"鲁班三通"的经验迁移至此——先观察找到关键块，再动手逐块拆卸，接着倒推依次组装。从生疏到熟练，不仅动手能力增强了，思维的灵活性和深刻性也相应提高。

益智器具进入课堂，学生思维得以多角度开发。也许这种思维发展的效果不能立竿见影，但我们坚信，教育的付出会在不久的将来结出丰硕的果实！

边玩边学，益智成长

哈尔滨市抚顺小学校　孙欣

如果不是李佩妍校长带来的这个有关"益智"的国家课题，我或许到现在也不知道什么是益智器具，以及有哪些益智器具。参与全国教育科学"十三五"规划课题"益智课堂与思考力培养的实践研究"让我与"益智"这个朋友相识相知，在研究和学习的过程中与孩子们共同成长。

玩是每个孩子的天性，"边玩边学"的益智课成为孩子们心中的最爱，刚刚上一年级的他们第一个接触的益智器具就是魔尺。

魔尺是深受儿童喜爱的益智玩具。魔尺的结构很简单，一般由二十四块两色相间的三角块组成，也有更长的魔尺。可以随心所欲地扭转变换无数种不同的形状。然而就是这根普普通通的魔尺，却被人们夸赞道："只有你想不到，没有它做不到。"孩子们刚刚接触魔尺，就爱不释手。课间教室里，他们三五成群地练习，在交流中迸发思维火花；放学回家后，他们迫不及待地向家长展示新收获，还带动家长一起研究新的花样。

但是不久我就发现了一些问题：

一、魔尺是孩子自己买的，质量参差不齐。有的魔尺扭转不灵活，容易断裂。

二、魔尺长短不一。最短的24段，最长的72段，很多玩法就无法统一，影响了学生之间的交流。

三、魔尺的玩法有些孩子看不懂，他们就是随意扭动，没有新的玩法及时跟进，经过一段时间，学生的兴趣都会明显减弱。

四、教师没有参与到学生的游戏中。我本身也不怎么会玩魔尺，更不用说去指导孩子玩魔尺了，学生的水平迟迟得不到提高。

发现了问题，就得及时纠正。首先，我动员家长一起购买了统一质量和型号的魔尺。然后我在网上下载了有关魔尺的教学视频，和学生一起学习魔尺的玩法。我还鼓励学生自己回家研究创新，录成小视频，发到班级群里，让大家一起学习。而我也暗地里学习一些新的花样，在课堂上向全班展示，一时间班级里刮起了一股强劲的"魔尺"风。

经过一段时间的研究学习，学生们每个人都掌握了十多种魔尺的变形玩法。我趁热打铁，举行了一次"魔尺比拼"的竞赛。让学生们来到台前，充分展示自己在魔尺变形这方面的才能。

通过魔尺的学习研究，孩子们更加喜欢益智器具了。于是，我又向他们推出了适合他们年龄特点的"百鸟蛋"。果然孩子们的想象力是无穷无尽的，一套看似毫无生气的小积木块，在他们的手里活了起来，每一个作品都是那样生机勃勃，充满灵气。

三年级的时候，借着数学教材中数学广角的内容，我向他们介绍了数独。从最简单的四宫开始，然后是六宫、九宫，最后是由9个九宫格组成的标准数独。孩子从对数独一无所知，到最后能熟练地填出每一个数字，自豪之情溢于言表。我也从心底里为他们的进步感到欣慰。

四年级上学期数学广角中有"田忌赛马"问题，我抓准机会把"智取王位"推荐给了学生们。"智取王位"的器具是一个长方形的木板，木板上挖了11个棋眼，然后放入圆柱体的木棋子。木棋子有两种颜色，一种颜色有10颗，另一种颜色只有1颗。器具轻便小巧，很适合两人一起玩。

"智取王位"是双人游戏即著名的巴什博弈问题，是培养学生逆推思维训练的游戏。共11颗棋子，两人轮流拿，每次取1~2颗，取得最后一颗棋子即"王位"的人获得胜利。已经是中高年级的学生们，对这种两人博弈的益智器具，非常感兴趣。课堂上没有任何一个溜号的孩子，他们都在冥思苦想怎样战胜对方。胜利的一方，欢呼雀跃之声响彻教室的每一个角落。

经过几年的不断推进，孩子们接触了许多益智器具：九连环、巧放方块、华容道、魔方、通天塔、孔明锁、鲁班锁……我班的张兆祚同学还和其他班级的同学代表学校参加了全国的益智竞赛，取得了全国二等奖的好成绩！他为学校赢得了荣誉，也为自己积累了经验，开阔了眼界。

益智器具就是这样神奇，它能调动孩子们的好奇心，让他们不觉得这是在学习，而是在玩。孩子们因兴趣而迷恋益智课堂，进而喜欢老师、喜爱学校、爱上学习、热爱与益智融合的各个学科。我相信益智器具将成为孩子们学习路上的灯塔，给他们的未来之路照明，让他们的脚步更加坚定，让他们信心倍增，勇敢地面对生活和学习中遇到的困难和挫折。益智器具也将成为他们一生的朋友，伴随着他们快乐成长。

玩转益智器具 绽放思维活力

哈尔滨市抚顺小学校　李沫

益智，顾名思义即益于智力发展，增长智慧。于是，我带领孩子们进行了一次次的思维探索之旅。

刚接触益智器具，我和孩子们一样好奇，一样困惑。由于我们是学校的低年级，最初我们班选择的益智器具是"魔尺"。在接触魔尺的一个月时间里，孩子们从不会到学会，从拜师傅到收徒弟，从缓慢到迅速，又从提快到神速，这样的经历只有他们自己能体会其中的苦与乐……而我喜欢看他们为了学会而神情专注的模样，喜欢看他们皱着小眉头自己研发后自信的笑脸，喜欢看他们一下课就围在一起互帮互助，为的就是跟邻居小组计较那么一秒两秒……更让人欣慰的是：孩子们没有因为名列前茅而洋洋自得，没有因为同伴速度缓慢而表示嫌弃，更没有因为极个别同学不会导致影响大局而轻言放弃……

还记得在班里"拼球"小组赛时，唯有一个男孩没有完成，小组成员没有一个人急躁埋怨，反而全班自发地为他呐喊加油，那时我真的被孩子们的纯真和善良打动了，而男孩也就是在这样的能量的驱使下，仅仅用了两天就奇迹般地学会了！这难道不是团队的力量吗？所以孩子们的兴奋在于他们挑战了不可能，他们的努力得到了回报；而我的欣喜则是孩子们通过这个神奇的益智器具懂得了,他们也可以像列文虎克一样玩得有意义,玩出个名堂。他们不仅仅学会了勤能补拙,学会了换位思考,学会了理解宽容,学会了团队合作……更亲身体验到:一件看起来很难的事儿,只要有恒心就能做到,只要反复做就能做好,只要肯研究就能找到最优途径,那么以后还能被什么事儿难倒呢?

二年级时,我们又接触了新的益智器具"巧放四块",就是将四个形状不一的木块规整地放在指定的木盒中。在研究过程中,有的孩子停了下来,显然在考虑如何破解,怎样才能找到窍门;有的孩子依然在不断尝试;有的则凑到一起研究起来。当我看见这些精彩瞬间,就仿佛看到孩子们开心的笑脸。爱因斯坦说:"兴趣是最好的老师。"益智器具教学使得孩子们在乐中学,学中乐,把"要我学"变成了"我要学",极大地激发了孩子们的学习兴趣,起到了事半功倍的效果。

益智课程的开展,使孩子们增强了动手的能力、主动思考的能力,激发了孩子们的想象力,在不断地尝试、不断的失败直至成功中塑造了孩子们不服输、坚韧、自信的性格。

我一直喜欢这样的一句话:"要想走得快,一个人走;要想走得远,一起走……"孩子们,玩转益智器具,绽放思维活力。跟你们的伙伴们手牵手,一直快乐地奔向幸福远方吧!

小小双手推开创造大门

哈尔滨市抚顺小学校 陶欣欣

中国有句古话："授人以鱼，不如授之以渔"。给孩子现成的知识和技能，不如让孩子学会自己获取这些能力。思维训练就是要给孩子正确的思维方法，发展思维能力。益智器具就能很好地训练孩子们的思维能力。

益智课程是我校的特色课程，学校为学生们配备了丰富的益智器具。记得我刚接触益智器具的时候，特别迷茫。有的器具很熟悉，比如魔方、魔尺、九连环、数字华容道等，而有些益智器具我都没有见过甚至都没有听过。可即使是我熟悉的益智器具我也仅仅是会玩，要怎么给学生们讲呢？于是我咨询了很多经验丰富的老师，也上网查询了很多资料。我了解到益智课程教学与以往的教学有很大不同，它更具有灵活性与可塑性。教师要引导学生开放自己的思维，对于学生来说，益智课程更具有趣味性，孩子们的动手和动脑的积极性更高。

现在我教的是一年级，学生年龄较小，根据他们的年龄特点我选择了魔尺作为教学器具。一把小小的魔尺，不仅材质安全，而且简单易操作，无论是作为孩子们的玩具还是结合课堂内容作为教具都是非常不错的选择。

首先我将器具与数字结合，这个时候孩子们也刚好学到这里。从最简单的数字"1"到数字"9"，他们一次次失败，可并不放弃，又一次次尝试，越挫越勇，最终获得成功。此刻，孩子们脸上露出喜悦的笑容。我发现孩子们对课堂的兴趣大大地提高了。

孩子们对益智器具的研究不只在课堂中，还延伸到生活中。回到家后，他们迫不及待地将学习成果展示给爸爸妈妈。家长说："孩子们现在还会仔细观察生活中的事物，经常在屋里走来走去，一会儿看看杯子，一会儿看看沙发，然后拿着魔尺拧来拧去。""有时候拧完一个形状又拆开，重新拧。有时还会在自己的玩具车和玩具枪边上观察思考。"……孩子们通过仔细地观察了解事物，提高了思维的积极性，并且通过灵巧的双手把它还原在魔尺上，极大地提高了学生们的动手能力和观察能力，激发了学生们的思维潜力。

游戏促益智 思维促发展

哈尔滨市抚顺小学校　吴盛男

一年级是孩子们从幼儿园到小学的适应期、过渡期，让孩子们爱上课堂、爱上学习是此阶段最重要的问题，而益智课程是最好的载体，既解决了这一阶段儿童喜爱游戏的问题，又使得教学形式更加丰富多彩。我们班在一年级上学期，选择了百变魔尺和百鸟蛋这两款益智器具。

最初，我们班选择的益智器具是百变魔尺，我投入很多精力，自己学习、研究，在课堂展示自己创作的一些范例，但是这些范例却缺乏感染力，没有激起孩子们探索的欲望。后来我变换教学方式，不仅给学生看我的范例，还让学生们自己动手试一试——创作自己喜欢的魔尺形状；然后，再通过集中教学活动，引导同学们分享交流自己玩魔尺的心得，教给孩子们平面造型和立体造型的技巧、方法，帮助每个同学建构经验。如每一次的教学活动可以围绕一个内容引发同学们的探索，桃心的造型、圆的造型、小狗、长颈鹿……或是让同学们围绕一个造型思考出不同的方法等，让孩子们每一次的活动带着目的来完成。同学们通过分享，明白百变魔尺除了能不断变换造型外，还可以想方设法用不同方法拼摆出相同的造型，这样既可以拓展学生的思路，又增强了孩子们思维的灵活性。

百变魔尺被班级同学"玩"得像模像样之后，我和孩子们又拿到了新的益智器具"百鸟蛋"。我还记得孩子们初看到百鸟蛋时那兴奋的表情，他们的眼睛里放着光芒，透着"玩转"百鸟蛋的渴望与憧憬。我对孩子们说："这款益智器具和'百变魔尺'一样也藏着许多数学知识呢！看看哪位同学最善于观察和思考，能够找到其中的奥秘！"孩子们的兴趣高涨，每当下课时，我总会看到几个孩子凑在一起，捧着百鸟蛋边摆弄边思考。这回我采取了以强带弱的教学策略，"授人以鱼，不如授之以渔"，让孩子们自己研究，先研究出来的孩子就扮演"小老师"的角色，"小老师"们的热情高涨，班级里人人争当"小老师"。在教与学的过程中，我与孩子们共同成长、共同进步。

为了更深入地研究益智器具中的奥秘，下学期我还会将益智课程继续进行下去。假期中，我已经让班级里的孩子玩起了"博士板"，这将为孩子们下学期的开学第一课——认识图形（二）打下良好的基础。孩子们利用"博士板"，在不知不觉中就可以掌握图形的知识：什么是正方形、长方形、平行四边形、三角形等，然后还可以由浅入深，层层递进，进一步拼出直角、钝角和其他有角的图案。这样在有趣的活动中，孩子们既学习了数学知识，又提高了动手能力，真正做到了游戏活动与教学内容的有机融合。

德国心理学家福禄贝尔认为：儿童在游戏中应自然、自由地发展，但没有合理的有意识的指导，儿童的游戏活动只能成为无目的的活动。益智课程就是教师将教学与游戏最完美地结合。益智课程燃起了我对教学的热爱，它改变了我和孩子们的思维方式，拓宽了我们思维的广度，让课堂闪烁着智慧的火花！

玩转益智器具 畅游思维海洋

哈尔滨市抚顺小学校 马 慧

益智游戏课堂，不仅能激发孩子们对于数学的兴趣，还能手脑并用锻炼思考速度，培养学生空间想象力。当我刚接触益智器具时，就被它们的巧妙构造和千变万化的破解方法所吸引。于是我和学生们怀揣着同样的兴奋和好奇，一起走进益智课程的海洋中。

八十余种益智器具令孩子们大开眼界。那些曾经都不知道名字的"鼠困梯环""顾全大局""彩虹岛"等，都令他们爱不释手。根据学生的年龄特点，我决定和学生们研究"百鸟蛋"这款益智器具。先让学生欣赏百鸟蛋拼摆出的各种图案，然后说说它由哪几块板组成，从而激发学生的兴趣。接下来，学生们细致观察百鸟蛋，直观地了解其基本特征，选择任意一幅图案，用百鸟蛋中相应的几块板拼出。同学们两人一组拼图形，再把这些图形组合成一幅作品。看着学生们一个个眼中绽放着光芒，手中的百鸟蛋一块接一块地都放在了正确的位置上，我真为他们感到骄傲与欣喜。同时，我发现有一位同学竟有些无从下手，试了很多次都没能完整地将一种动物拼出来。直到同小组的另一位同学想要向他展示自己的作品时，才发现他正为如何拼出某种动物而尝试了很久，于是这位同学向我提出让同学们都帮他试试的建议，没想到很多学生都积极来帮忙。孩子们自主学习、互帮互助的感觉真好！我也很喜欢这种感觉，更享受陪伴孩子们在益智游戏中遨游的时光。

选择让孩子们接触百鸟蛋，不仅仅是因为它可以开发智力，对提升逻辑思维及手脑协调大有好处，还可以培养学生的专注力和耐性。

随后，我又与学生们一起研究了"九连环"。九连环与百鸟蛋不同，难度相对更大，所以我们先在网上查找了如何拆解九连环的资料，然后将资料和书中学过的"找规律"知识结合起来，一步步算出解九连环的公式。对于拆解慢的学生关注指导，对于没有解出来的学生，更是鼓励他们不要灰心，相信自己是最棒的。

驱使我继续研究寓教于乐的动力来源，是我惊喜地发现，小小的益智器具游戏可以成为每个家庭温暖的亲子时光，使家长和孩子共同思考，感受益智游戏带来的快乐。

这学期，我和孩子们从学校那里得到了一款新的益智器具"鼠困梯环"。这是我之前从未见过的益智器具，因此我尝试了很多次，才总结出解鼠困梯环的方法。但我没有想到的是，当我让同学们自己研究解开鼠困梯环的方法时，竟有不止一位同学能够解出来，并且还总结出了口诀，甚至还可以说出不一样的解决方法。我在一旁听着，看着"小老师"们一个个思维清晰且连贯地向大家边讲解边演示解开鼠困梯环的方法，底下的同学一个个都聚精会神地看着学、跟着做，就这样，同学们互相补充，并帮助其他没有解决的同学，在完全没有我的配合的情况下，大部分学生学会了鼠困梯环的解法，这让我既开心又欣慰。看着孩子们那一张张解决问题过后喜笑颜开的脸蛋，我想，这就是益智课程的魅力吧！

于是，我从学生们的游戏与挑战中总结出：思考错误，不断积累经验；调整方法，进一步探索进取。不因出错而沮丧，要用更加积极的状态去经历、去认知、去感受。未来，我还将继续与学生们一道，研究有温度的益智课程，感受益智游戏的魅力，开启更加崭新有趣的探索之旅！

我与益智的故事

哈尔滨市抚顺小学校　李姿佳

传统的小学教学模式较为固定，学生在学习的过程中只能够被动地接受知识，这严重地降低了小学课堂的活跃性和生动性。而益智课程则是知识最好的载体，它以学生充分动手操作为依托，以真实、有趣的问题困境为起点，通过多样性的探究活动，让学生积累思维经验，掌握思维技能，提升思维品质。学生们能在游戏的过程中不断激发兴趣，在玩中开拓逻辑思维。

在学生们刚刚步入小学生活时，让学生们爱上课堂是最重要的事，结合课本和孩子们的年龄特点，我们班在一年级时选取了"百变魔尺"和"百鸟蛋"两种益智器具。刚刚接触魔尺的时候，孩子们的好奇心油然而生，都想去摆弄一下。在知道魔尺是一种可以随意扭动的直尺，并可以拼摆出各种各样的形状后，孩子们都跃跃欲试。此时，我便放手让他们进行尝试。扭动、旋转、合作、交流……看到魔尺在孩子们的手中变幻万千、形态各异，我也忍不住加入他们的讨论中，这让我和孩子们都燃起了不断探索的欲望。孩子们也当起了"小老师"，课间和午休时孩子们就会你教我，我帮你，在玩中轻松地学习、不断地探索变换的技巧。在交流中孩子们体会到了魔尺的魅力，他们的创新意识、空间知觉和手眼协调能力也有了进一步的提高。热烈的展示活动，让孩子们不仅收获了快乐，更在内心也种下了智慧的种子。

接触过魔尺后，孩子们的探索欲望更加强烈，经常追着我问："老师，我们接下来要玩哪种益智器具呢？"后来我和孩子们又拿到了新的益智器具"百鸟蛋"。有了之前的经验，孩子们并不是着急地去拼摆了，而是先对器具进行了仔细观察。本着寓教于乐、学玩结合的原则，我们展开了对百鸟蛋的探索之路。孩子们的兴趣浓厚，凭借着自己的观察力和记忆力将手里的器具不断地打乱、复原，接着又研究出各种不同的形状。整个活动中，孩子们在做中学，在玩中学，在动手中启迪心智，在玩乐间拓展了思维，想象力、空间感和创造意识得到了有效培养。回家后，孩子们对它也是爱不释手，一个个栩栩如生的作品在反复尝试中完成！

随着孩子们年龄的增长，在二年级上学期我们又选择了新的益智器具"巧解手铐"和"巧解 M 环"。这两种巧解类的器具是我们之前没有接触过的，作为老师，在明确规则后，我便开始一次次尝试，失败后再尝试。其实，在我们教学中，学生解决问题的做法就是在经历多次失败后，及时总结经验取得成功。在尝试中，明白，遇到问题需要先观察分析，再进行操作。

在解 M 环时，我经过多次尝试却仍解不开，于是便再次认真观察了器具。我发现首先要避开所有行不通的路线。在两个环相交错时，首先要看其中一方能否绕过去，如若绕不过去，我们就考虑在另外一头进行操作。当两个 M 环都呈现的是"M"时，则无解；反之，当我换一个角度去思考问题——当其中一个 M 环呈"W"时，两个环相互交错便可以解开。可见，遇到问题先观察后操作有多重要！

当学生们拿到器具后，便开始自主探究，分组合作，互相帮助完成。在学生们进行研究时，我总是抓住时机，给学生表现的机会，让孩子们看到自己的闪光点。为了进一步开发和提升学生的思维能力，锻炼学生的逻辑推理能力，我们又进行了班级挑战赛，以接力的形式，最快解开 M 环和手铐者为胜。随着主持人一声令下，只见选手们双手"飞舞"，敏捷地操作着器具，他们精彩的表现赢得了阵阵叫好。

　　益智课堂，让孩子们走进游戏中，更易于让孩子接受，而且容易激发孩子学习的积极性，让孩子在潜意识里投入学习中，从而更加愉悦地学习。从孩子科学成长的角度来看，积极乐观的情绪和耐心、细致、自信的心理品质，更有利于促进良好心理的发展，开拓创新思维。爱因斯坦说过："科学研究好像钻木板，有人喜欢钻薄的；而我喜欢钻厚的。"相信在我们"勇于钻厚木板"信念的支撑下，益智课程一定可以在抚顺小学这片沃土上结出更加丰硕的果实。

重识传统文化中的益智之光

哈尔滨市抚顺小学校　　徐天琦

"君子知夫不全不粹之不足以为美也，故诵数以贯之，思索以通之……"国学之美在于潜移默化地陶冶情操，沁润心灵，以求格物致知、诚意正心。然而教师在课堂中口若悬河、侃侃而谈，并不能真正走进孩子们的内心，使他们感知国学的恩泽，何谈开发智力、启迪智慧、传承国粹？

在一次课间，偶然发现几个学生正在火热地探讨《三国演义》，并提到"曹操败走华容道"，他们很快吸引了我这个"三国迷"的注意。作为《三国演义》中的重点篇章，其前后涉及多个经典故事，为整部小说的情节发展奠定了一个新高度，同时还关联着一个非常著名的中国传统益智玩具——三国华容道，尽管这个玩具的历史很短，却是自带传统文化之光环，屹立于世界舞台，被称为"中国的难题"。这件属于中国孩子自己的玩具，并没有如料想般地出现在耳畔，我忍不住问他们"其实，这个故事还联系着一个非常好玩儿的玩具呢，你们听过'华容道'吗？"看着他们懵懂的眼神，我不禁启发他们，"一个正方形棋盘上，摆放了一个大的正方形（曹操），五个不同方向的长方形（五虎上将）及四个小方格（四个小兵）。通过移动各个棋子，帮助'曹操'从初始位置移到棋盘最下方中部，从出口逃走。"他们依旧迷茫的小眼神，让我感慨之余，心生灵感，这不就是最好的启智的机会吗？！"人若志趣不远，心不在焉，虽学无成。"

在国学的课堂上，以益智器具为媒介，很好地激发了学生的学习积极性，培养学生自主探究的能力，真正实现了学生思维能力及核心素养的培养。

考虑到并不是所有孩子都熟悉三国小故事，所以在益智器具发到孩子们手里的时候，我让每位同学都数一数棋子的个数并观察它们的形状，认一认名字，与它们交朋友。但是，这还不足以完全抓住孩子对器具的好奇心。于是班级的小三国迷们开始了一场故事会，他们绘声绘色地讲述了"草船借箭""苦肉计""赤壁之战"三个小故事，瞬间让同学们热情高涨，跃跃欲试，都想体会一下关羽的横刀立马、一夫当关万夫莫开的豪壮气势。可是，当孩子们都动起手的时候，我在一些同学的脸上看到了畏难的表情，他们实在不知从何下手，又或是对于通关之道不得要领。兴趣是最好的引领者，很幸运的是，没有一个孩子轻言放弃。为了进一步保持他们宝贵的兴趣，让他们获得一点点成就感，以鼓励他们继续探索下去，我指挥他们闯关了"前挡后阻""左右布兵"，体会了"巧过五关"的布局，以感受华容道的奥妙之处，同学们无不赞叹中国传统玩具之神奇，彼时，我激动地表示"中国古典益智玩具孕育着深厚文化底蕴和民族的智慧。而国学更是一门综合学科，我们每个人都有责任弘扬国粹，真正让文化自信融入孩子们的骨血里。"最后，我鼓励他们破解"横刀立马"这一著名关卡，"三人行，必有我师焉"，我十分期待在今后课堂中的益智交流。

国学历史博大精深，非一日之功。习近平总书记说："中华民族的伟大崛起首先是文化、精神在世界上的认可、追随和崛起。文化是民族的血脉，是人民的精神家园。在我国五千多年文明发展历程中，各族人民共同创造出源远流长、博大精深的中华文化。"如何在国学课堂上使学生的益智思维更加活跃，学会多层面、多角度、多方式地思考问题，保持高涨的学习兴趣，此教学之路任重而道远。书不尽言，言不尽意。希望国学之美、益智之光能够常驻学生心间，让学生时刻为祖国的璀璨历史文化感到骄傲与自豪！